ALCIUS LEDIEU

Souvenirs de l'Invasion

ÉPISODES & NOUVELLES PATRIOTIQUES

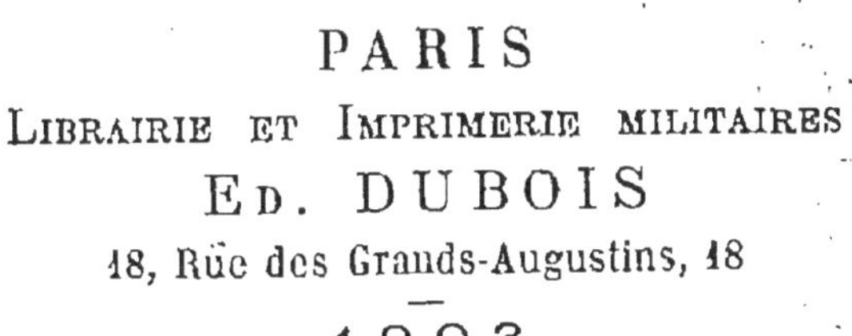

PARIS

LIBRAIRIE ET IMPRIMERIE MILITAIRES

ED. DUBOIS

18, Rue des Grands-Augustins, 18

1903

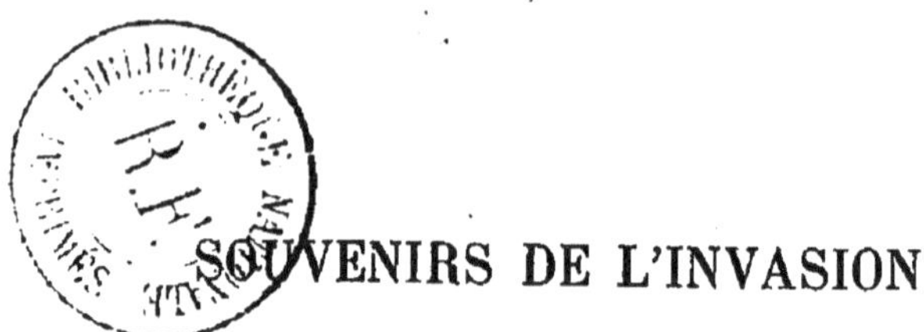

SOUVENIRS DE L'INVASION

Alcius LEDIEU

Souvenirs de l'Invasion

ÉPISODES & NOUVELLES PATRIOTIQUES

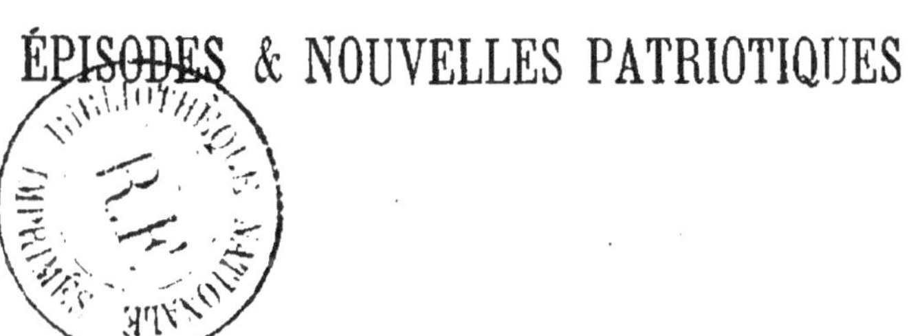

PARIS

LIBRAIRIE ET IMPRIMERIE MILITAIRES

ED. DUBOIS

18, Rue des Grands-Augustins, 18

1903

IL n'est certainement pas de province en
France dont le sol ait été plus souvent
foulé par les pas sanglants de l'étranger à
travers les siècles que celui de notre chère
Picardie.

Pendant l'invasion allemande, notre région
a été le théâtre de quatre grandes batailles ;
de nombreuses et fréquentes escarmouches ont
ensanglanté le département de la Somme du
nord au midi et de l'est à l'ouest. Il n'est pour
ainsi dire pas de village, pas de hameau qui
n'ait gardé un douloureux souvenir de cette si
funeste guerre.

Trente ans se sont écoulés depuis cette lutte
formidable. La génération qui nous suit ne
peut se faire une idée exacte de nos souffrances
ni des outrages dont nous avons été l'objet de
la part de l'ennemi séculaire, qui n'eut rien de
la générosité du vainqueur.

Comme toujours, les Picards ont payé leur
dette avec une rare abnégation.

1

Nous ne devons point oublier nos morts.

Dans le recoin le plus secret du cœur des témoins de cette sinistre guerre se trouvent gravés d'une manière ineffaçable ces deux mots : Souviens-toi !

Mais, à ceux qui nous suivront sur cette terre, nous devons nous donner pour mission de leur faire connaître dans tous leurs détails les sombres jours de deuil de notre pauvre pays durant de si longs mois ; nous devons leur rappeler sans cesse nos transes et nos angoisses continuelles pendant cette époque calamiteuse.

Si, dans le cours des âges, l'étranger a promené bien souvent le fer et la flamme à travers la Picardie, il est un coin de cette province qui fut plus particulièrement éprouvé : c'est le Santerre ; si l'on en croit des légendes lugubres, cette partie de la Picardie devrait son nom aux drames sanglants qui s'y sont déroulés : san-guis in terrâ, — d'où l'on aurait fait Santerre.

Dans les chapitres qui vont suivre, la plupart d'entre eux, je dois l'avouer, sont inventés de toutes pièces ; mais, au fond de chacune de ces nouvelles, il y a un fait réel, authentique : le cadre seul est dû à l'imagination.

Trois de ces récits revêtent un caractère purement historique ; c'est : Légitime défense, les Prussiens à Foucaucourt *et* Funèbre bilan.

Pour encadrer chacune des Nouvelles, je me suis attaché, — est-il besoin de le dire ? — à reproduire le tableau exact et impartial que présentaient alors nos villages et nos hameaux, et à essayer de retracer leur physionomie au milieu de nos désastres.

Si le souvenir des revers éprouvés par notre pays fait saigner notre patriotisme, d'un autre côté, il sert à le raviver.

Jamais, quoi que l'on fasse, on ne parviendra à étouffer chez la majorité des Français leur amour de la patrie ; ce noble sentiment est trop fortement imprimé dans leur cœur pour que de mauvais Français puissent l'en arracher.

Un poète a dit en parlant de la France :

Je t'aimais glorieuse et t'adore insultée ;
Je me sens mieux ton fils en pleurant tes revers.

En exprimant cette pensée, le poète a rendu le sentiment qu'éprouve chacun de nous.

Je n'ai point voulu faire œuvre de haine ni de passion en écrivant les petits récits qui vont suivre. Avant tout, j'ai voulu demeurer impartial. Je me suis gardé de toute exagération, restant même en deça de la réalité quant aux atrocités commises par les envahisseurs.

Nous avons été vaincus ; mais, dans notre défaite, nous sommes restés le peuple généreux, chevaleresque, qui tient toujours à la main le flambeau de la civilisation.

Alcius LEDIEU.

I

UN VIEUX BRAVE

C'est le 11 octobre 1870 que, pour la première fois, on vit entrer les Prussiens dans le département de la Somme ; ils s'avancèrent jusqu'auprès de Montdidier, mais ils ne firent qu'une simple apparition.

Deux ou trois jours plus tard, une forte patrouille de dragons saxons, venus de la même direction (Clermont), s'arrêtaient dans un village situé entre Roye et Montdidier. Mais ils ne devaient point y séjourner long-temps, d'après ce qui m'a été raconté quelques années plus tard. Voici le récit qui me fut fait à cet égard.

Lorsque les habitants furent informés que plus de deux cents cavaliers prussiens allaient arriver dans leur village, ce fut une consternation générale. Des groupes se formaient dans toutes les rues, et l'on s'y entretenait exclusivement de l'événement qui jetait l'épouvante parmi la population.

Dans l'un de ces groupes se trouvait un vieil octogénaire ; c'était un beau vieillard demeuré encore bien droit, quoiqu'il s'appuyât sur un bâton, à cause d'une forte claudicaticn. Il avait fait les dernières campagnes du premier empire sans jamais avoir reçu la moindre égratignure. Aux Cent Jours, il reprit du service, mais il fut blessé au pied à Waterloo. Après sa guérison, il revint dans son pays; mais il était boîteux et devait rester affligé pendant toute sa vie. Ne pouvant continuer son métier de charpentier, il sollicita l'emploi de garde champêtre, qu'il obtint après la mort du dernier titulaire, survenue quinze jours après son retour.

Durant cinquante ans, il remplit ses fonctions au grand contentement de tous; et, lorsque, par son grand âge, il se vit contraint de les résigner, ce ne fut pas sans un vif serrement de cœur qu'il déposa sa plaque.

Médaillé de Sainte-Hélène, il vécut dès lors d'un secours annuel que lui servait le gouvernement et du produit d'un rucher qu'il avait établi dans son jardin. Ces ressources suffisaient à son entretien; il ne s'était jamais marié et n'avait plus aucun parent.

Dans le groupe au milieu duquel se trouvait ce vieux grognard au moment où tout le monde s'attendait à voir arriver les cavaliers signalés, on entendait l'ancien garde répéter à plusieurs reprises :

— Je vous dis qu'ils auront affaire à moi; vous verrez; je ne vous dis que ça.

— A quoi donc pensez-vous? s'écriaient la plupart de ses auditeurs. Ils seront peut-être plusieurs centaines à cheval ; que pourrez-vous faire ? Vous blesserez peut-être un ou deux chevaux sans atteindre même leurs cavaliers. La belle affaire ! Mais les conséquences de votre acte seront terribles pour vous et pour nous ; ils vous fusilleront et saccageront nos maisons. Croyez-nous ; demeurez tranquille ; laissez-les entrer si tel est leur désir, et nous leur donnerons ce qu'ils nous demanderont ; c'est le meilleur moyen de ne pas envenimer les choses. Contre la force, il n'y a point de résistance.

— Je vous dis que je ne veux pas que les Prussiens s'arrêtent ici, s'écria l'ancien garde. Si vous avez peur de votre peau, rentrez chez vous tout de suite et ne sortez plus avant le soir. Dites aux autres qu'ils agissent de même. Je me charge du reste. J'ai un projet en tête ; je veux le faire aboutir.

— Mais, mon brave, dit l'un des auditeurs, vous vous ferez écrabouiller bien inutilement, et vous nous attirerez toutes sortes de représailles.

— Ne vous alarmez pas pour moi. Je resterai peut-être bien sur le carreau ; mais la perte de ma vieille carcasse sera de peu d'importance. Je mourrai content si je puis préserver notre village de la présence des Prussiens. Quant à vous, vous n'avez rien à redouter si vous suivez mon conseil en vous tenant cois dans vos maisons. Ayez confiance : je ferai décamper tous ces cavaliers plus vite qu'ils ne seront arrivés.

Là-dessus, le vieux bonhomme quitta ses

auditeurs en leur recommandant de nouveau qu'ils aient à prévenir les autres de ne point se montrer au dehors avant la fin de la journée.

Il allait être midi lorsque le galop de deux à trois cents chevaux se fit entendre dans les rues du village ; c'étaient les dragons saxons dont l'approche avait été signalée. Arrivés sur la place publique, ils mirent pied à terre et parquèrent leurs chevaux à l'ombre des tilleuls qui se trouvaient aux deux extrémités de la place ; puis, une partie des soldats disposèrent à l'ombre d'un haut mur les marmites qui devaient servir à la cuisson des aliments, tandis que d'autres cavaliers allaient, les uns, chercher de l'eau pour leur cuisine ou pour abreuver les chevaux, et que les autres allaient quérir, de gré ou de force, ce dont ils avaient besoin pour leur repas.

La chaleur était suffocante ce jour-là, comme il arrive parfois pour certaines journées d'automne.

Dans la rue, on ne voyait que des soldats prussiens, ainsi que s'en assura l'ancien garde champêtre en entrebaillant la porte de sa maison, qui se trouvait juste en face de la place publique. Il se rendit tout de suite dans son jardin en se frottant les mains.

— Voilà le moment d'agir, se dit-il. Que le dieu des armées me soit favorable, et tous ces hommes et tous ces chevaux seront bientôt réduits comme chair à pâté.

Le vieux brave se dirigea vers son apier, qui contenait au moins une soixantaine de ruches ; sous les rayons ardents du soleil, les abeilles étaient en pleine activité. Leur propriétaire les considéra un instant avec attendrissement : c'étaient elles qui fournissaient à sa subsistance depuis bien des années ; il s'apitoya sur le sort qu'il leur réservait, mais, prenant soudain une résolution, il renversa toutes les ruches les unes après les autres, et, armé de son bâton, il frappa sur ces bestioles à tour de bras.

Rendues furieuses par cette attaque, les abeilles s'éloignèrent de ce lieu de carnage, tout en voletant aux alentours du rucher puis sur la place publique ; là, rencontrant des hommes et des chevaux, elles s'attaquèrent à eux comme pour se venger d'avoir été chassées brutalement de leurs demeures; c'est par milliers qu'elles se jetèrent sur leurs victimes. Les chevaux, piqués à leurs naseaux, à leurs yeux, à leurs oreilles et sur tout le corps, se mirent à ruer furieusement, brisant leur longe et leurs entraves et s'échappant de tous les côtés, se heurtant réciproquement et renversant les hommes qui voulaient les retenir.

D ins cette course désordonnée, les chevaux, reniflant et hennissant plaintivement, piaffant et ruant, se précipitaient involontairement les uns sur les autres, se brisant les membres, s'enfonçant les côtes, s'écrasant la tête ou se défonçant le poitrail.

Quant aux hommes, officiers et soldats, il

y en eut très peu de préservés du dard des
bestioles en furie ; ils avaient les joues, la
tête et les mains prodigieusement enflées, ce
qui leur donnait un aspect tout à fait grotesque. Aussi, dès que la douleur fut devenue
moins cuisante et que les chevaux se
trouvèrent un peu calmés, tous les dragons
s'empressèrent de quitter le village, traînant
par la bride leurs montures clopin-clopant ;
ils ne songèrent même pas à se livrer ce
jour-là à des représailles ; ils ignoraient, du
reste, la cause de cette invasion d'abeilles
furieuses.

Quand le soir fut venu, les habitants se
hasardèrent à sortir de leurs maisons,
désireux qu'ils étaient de savoir ce qui
s'était passé pendant leur claustration
volontaire. Arrivés sur la place publique, ils
la trouvèrent absolument déserte, mais ils
remarquèrent qu'elle était couverte de
grandes taches de sang.

On se demandait si le vieux garde avait,
à lui seul, massacré toute cette cavalerie,
et comment il avait pu arriver à faire disparaître les cadavres.

L'un des assistants émit l'avis de se
rendre chez ce bonhomme ; sa porte était
barricadée en dedans ; on brisa un carreau
et l'on pénétra dans sa maison ; il ne s'y
trouvait pas ; on chercha dans sa cour, mais
ce fut aussi en vain. En ouvrant la porte du
jardin, un spectacle étrange s'offrit aux
regards : toutes les ruches étaient ren-
versées pêle-mêle sur le sol, et, à quelques

pas plus loin, on vit l'ancien garde champêtre étendu sur l'herbe, remuant à peine, mais faisant entendre un râle sourd à de longs intervalles. On se précipita à son secours et l'on constata qu'il était affreusement enflé par tout le corps, des pieds à la tête. On lui donna des soins, mais tout fut inutile : il mourut dans la nuit sans avoir recouvré connaissance.

Le surlendemain, on fit à ce vieux brave des funérailles dignes d'un grand personnage, et toute la population, hommes, femmes et enfants, tint à honneur de l'accompagner jusqu'à sa dernière demeure.

II

LA PEINE DU TALION

La bataille d'Amiens du 27 novembre 1870 fut précédée de plusieurs escarmouches, dont la première fut livrée au Quesnel le mercredi 23 novembre.

Le général de Manteuffel, qui continuait sa marche vers la Somme, avait pris la résolution de se diriger sur Amiens ; à cet effet, il envoya une colonne volante pourvue de deux pièces de canon pour faire une reconnaissance vers la Luce. Cette colonne, commandée par le colonel Lüderitz, ne tarda pas à rencontrer quelques francs-tireurs, qui occupaient le Quesnel-en-Santerre : un engagement eut lieu à une heure de l'après midi.

L'artillerie allemande eut bien vite raison de ses adversaires.

Les francs-tireurs, poursuivis par les soldats prussiens, abandonnèrent le Quesnel en jetant armes et bagages, et prirent la direction de Caix.

Parmi ces francs-tireurs se trouvaient deux hommes, le père et le fils, originaires

du Pas-de-Calais, qui, depuis de longues
années, venaient faire la moisson à Mézières;
le père s'appelait François Thuillier, et son
fils était connu sous le prénom de Claude.
Au moment de la retraite, ce dernier s'entendit interpeller; il se retourna et, au même
instant, un lancier allemand, le mettant en
joue, lui cria :

— A toi, Claude !

Et, appuyant sur la détente, cet honnête
Teuton fit feu sur le franc-tireur, qui tomba
à la renverse, le corps percé d'une balle.

Le père du malheureux jeune homme, qui
avait assisté à cette scène rapide sans pouvoir la conjurer, avait reconnu le meurtrier
ou mieux l'assassin de son fils. C'était un
domestique de charrue qu'il avait connu à
Mézières lors de la moisson ; il était au
service du maître qui occupait les deux
Thuillier ; il se faisait appeler Paul Heutzer
et se disait Alsacien. Mais aussitôt après la
déclaration de guerre, il quitta Mézières
sans se faire régler par son patron, auquel
il dit :

— Je ne tarderai pas à revenir chez vous
et je vous amènerai du monde. Vous nous
conserverez de votre bon cidre.

Ce Paul Heutzer avait voulu courtiser la
servante de basse-cour du fermier qui l'occupait. C'était une forte brune, accorte, bien
découplée, active, laborieuse. Mais cette
fille n'éprouvait que de la répugnance pour
le domestique de charrue, dont les instincts
et les procédés bas, vils, grossiers, lui

étaient apparus dans toute leur laideur en maintes occasions. C'était à Claude Thuillier qu'allaient toutes les préférences de cette bonne fille, véritable trésor que son maître savait apprécier. Sans cette malheureuse guerre, la noce de Claude avec la servante eût été célébrée à la fin de la moisson dernière.

François Thuillier s'occupa du cadavre de son fils, auquel il fit donner une sépulture provisoire. Puis, dès le lendemain jeudi, il revint, déguisé en mendiant, sur la route de Roye à Amiens. Il s'était rendu tout à fait méconnaissable, et c'est en cet accoutrement qu'il surveilla la route, car il se doutait bien que les ennemis devaient revenir en plus grand nombre. Il ne se trompait pas.

Le jeudi 24 novembre, le colonel Lüderitz envoya le même détachement que la veille, qui poussa jusqu'à Hourges, et le colonel, quittant Roye lui-même avec le gros de ses troupes, suivit son avant garde jusqu'à Mézières, où il s'arrêta.

François Thuillier était arrivé à la Maison-Blanche après le passage de l'avant-garde allemande, et, quand il vit passer l'arrière-garde ennemie, il inspecta minutieusement les soldats qui la composaient. Mais il n'aperçut point le cavalier qu'il cherchait. Il n'attendit pas longtemps.

Arrivé à Hourges, le détachement alle-mand rencontra une reconnaissance envoyée de Villers-Bretonneux par le colonel du Bessol, et forte de quatre bataillons avec une batterie et quelques cavaliers. Les Français attaquèrent aussitôt leurs adversaires, qu'ils firent rétrograder ; ceux-ci essayèrent de résister lorsqu'ils furent arrivés au bois d'Hanon, mais ils se virent bientôt obligés de reculer encore vers le bois du Meunier et vers le bois de la Vignette. Malgré la protection de ces bois, ils furent repoussés jusqu'à Mézières. Le colonel Lüderitz essaya de défendre ce village. Un combat acharné se livra depuis la Maison-Blanche jusqu'aux premières maisons de Mézières.

Les soldats français, qui se composaient d'un bataillon d'infanterie de marine, du 20ᵉ bataillon de chasseurs et d'un bataillon du 43ᵉ qu'appuyait une batterie de quatre et que suivaient deux bataillons de mobiles, essayèrent de tourner les troupes allemandes. Lüderitz s'en aperçut ; il donna aussitôt l'ordre de battre en retraite ; il rétrograda au-delà du Quesnel, jusqu'à Bouchoir ; le général von der Groben lui envoya de Roye un détachement pour soutenir sa retraite.

Le *Journal d'Amiens* du même jour rendit compte en ces termes de l'escarmouche qui venait de se livrer. Sous la rubrique : COMBAT DE DÉMUIN, on lisait :

« Le premier engagement sérieux dans la région du Nord entre Français et Prussiens vient d'avoir lieu dans les environs d'Amiens.

Le succès a favorisé nos armes ; l'ennemi est repoussé à dix lieues de distance.

« On ne connaît pas encore les détails précis de cet engagement ; quoi qu'il en soit, l'avantage remporté par nos troupes exercera un grand effet moral et prouvera à l'ennemi que des mesures sont prises pour lui répondre.

« Les bruits les plus contradictoires ont circulé toute la journée sur la marche des Prussiens et les vicissitudes du combat ; tantôt, on a dit que trois cents prisonniers avaient été faits dans la ferme de Hourges, tantôt que l'ennemi avait surpris Albert. Ces bruits n'étaient pas exacts ; on n'a pas fait 300 prisonniers à Hourges ; Albert est parfaitement libre, et le service du chemin de fer y continue avec sa régularité accoutumée.

« Demain, nous l'espérons, nous recevrons les détails précis sur l'action d'aujourd'hui et sur ses conséquences probables. Félicitons-nous, en attendant, de voir la vive et nouvelle impulsion donnée aux troupes réorganisées dans cette partie de la région du Nord.

« Cette nuit, ajoutait plus loin le même journal, nous recevons d'un témoin oculaire les détails suivants sur le combat du 24 novembre.

« Partis à cinq heures du matin de Villers-Bretonneux, nous nous sommes avancés jusqu'à Démuin sans rencontrer l'ennemi. Mais, au débouché de ce village, quelques coups de canon et de fusil ont été tirés. On s'est déployé en tirailleurs sur une ligne de trois ou quatre kilomètres, et nous avons enlevé successivement tous les bois et tous les villages jusqu'à la hauteur de la Maison-Blanche, c'est-à-dire à deux kilomètres avant d'arriver à Mézières, arrondissement de Montdidier. Là, la lutte a été sérieuse.

. « L'infanterie de marine a été admirable.

« Accueillis par un feu terrible et à bout portant, les soldats de l'infanterie de marine ont chargé à la baïonnette. Vingt-cinq des leurs sont restés sur le terrain. Mais le bois était enlevé à droite de la route, tandis que le 43ᵉ enlevait le taillis à gauche.

« L'ennemi a fui, abandonnant pas mal de fusils, de casques, de gibernes, etc....

« Nos soldats sont rentrés triomphants dans Villers, vers deux heures. Nous avons vingt à trente hommes hors de combat.

« Les mobiles se sont bien conduits.

« Nos canons ont lancé quelques obus au milieu de quelques escadrons de uhlans. En somme, enthousiasme général.

« Le colonel du Bessol a dirigé le mouvement avec un rare talent.

« Vers midi et demi, le combat était terminé. Le général Lecointe est arrivé avec sa brigade pour constater la belle contenance et l'ordre qui régnait dans notre brigade.

« Nous avons failli prendre deux canons ; quatre voitures, chargées de cadavres, ont traversé le village de Mézières ; les Prussiens ont l'habitude d'emporter morts et blessés. »

Enfin, le même journal ajoutait plus loin :

« On parle vaguement d'un autre avantage qu'auraient remporté les mobiles du Gard à l'ouest de Démuin, sur la route de Mont-didier. »

Cette dernière information était doublement erronée, d'abord parce que les mobiles du Gard ne se trouvaient point à Démuin et que la route de Montdidier est au sud et non à l'ouest de ce bourg.

Quoi qu'il en soit, la nouvelle du combat de Démuin ou plus exactement de la Maison-Blanche fut vite connue dans tout le département, et, plus on s'éloignait du champ de bataille, plus l'exagération était grande. Ainsi, à Abbeville, le bruit courut le jour même que quatre mille Prussiens étaient en ligne, qu'ils furent repoussés sur Roye et qu'on leur fit 450 prisonniers dans une ferme.

Revenons maintenant à François Thuillier. Ce malheureux père, qui voulait venger la mort de son fils, était entré dans la cour de la ferme située au point d'intersection du chemin de Démuin et de la route de Roye, presque en face de la Maison-Blanche. Il avait avisé un endroit d'où il pouvait voir sans être vu. Il se trouvait à son observatoire depuis quelque temps, lorsqu'il perçut un bruit de cavalerie qui semblait se rap-procher de plus en plus. C'était l'avant-garde

allemande que les Français poursuivaient
depuis Hourges.

Bientôt, François Thuillier vit arriver les
lanciers allemands de la veille ; il examina
attentivement chacun des soldats de ce détachement, et il put constater que le meurtrier
de son fils s'y trouvait. A la vue de ce
misérable, le pauvre père se sentit frémir
des pieds à la tête ; ses mains se crispèrent
et il tendit le poing dans la direction des
Prussiens. Mais il n'avait ni ne pouvait avoir
d'arme. Que faire ? Thuillier avait compté
sur les hasards de la guerre. Il allait être
servi à souhait

Dans sa retraite, le détachement allemand
s'arrêta aux abords de la Maison-Blanche
parce qu'il se sentait soutenu par l'arrière-
garde. C'est en cet endroit que l'action fut
plus chaude.

Les habitants de la ferme où s'était refugié
François Thuillier ne se trouvant plus en
sécurité dans leurs appartements descendirent dans la cave ; les balles, qui se succédaient rapides et sans interruption,
sifflaient à leurs oreilles en trouant les murs.
Thuillier dut suivre les fermiers dans leur
retraite. Quand le feu eut cessé presque
complètement, le père Thuillier gravit
l'escalier de la cave, et, soulevant la porte
qui faisait trappe, il jeta un coup d'œil dans
la cour de la ferme. Un spectacle horrible,
épouvantable s'offrit à ses regards. Le
sol était jonché de cadavres et de blessés
allemands.

Tout à coup, — ô hasard inespéré ! — un lancier prussien pénètre dans la cour. C'est Paul Heutzer ! Le père de sa victime l'a reconnu.

— Attends, chien maudit, ton affaire va être bientôt réglée, murmure Thuillier. Je te tiens, misérable ; tu ne m'échapperas pas.

Ce disant, il sort sans bruit de la cave et se dirige à pas de loup dans la cour. Tandis que Heutzer était fort occupé à fouiller les poches de ses compatriotes pour les dévaliser, Thuillier profite du moment où il tourne le dos pour ramasser un fusil qui était encore chargé. Puis, arrachant sa fausse barbe et le bandeau qui cachait un côté de sa figure, il cria d'une voix forte et assurée :

— A toi, Paul Heutzer !

Celui-ci, se relevant soudain, se retourne et se trouve pris d'un mouvement convulsif à la vue du père Thuillier qui le met en joue. Comme, pour son honnête besogne, il avait jeté ses armes en arrivant dans la cour de la ferme, il se trouvait donc dans un état d'infériorité vis-à-vis de son adversaire. Mais, eût-il été armé, son courage l'aurait abandonné, car lui et ses congénères ne se battaient que quand ils étaient dix contre un. Jetant un regard circulaire et ne voyant apparaître aucun de ses compagnons, il se laissa tomber à genoux et, sur un ton suppliant, il dit en son jargon :

— Crâce ! crâce, bère Dhuillier !

— Te faire grâce, maudit chien ? Jamais !

As-tu eu pitié de mon fils, misérable bandit ? Allons, allons, debout ! Et, si tu as une âme, recommande-la à Dieu, car je vais t'envoyer à lui, ou plutôt au diable, ton digne patron !

Et le père Thuillier prenait plaisir à tenir pour ainsi dire au bout du canon de son fusil le meurtrier de son fils, qui, en cette circonstance, faisait preuve de la plus grande lâcheté. Il tremblait de tous ses membres ; sa face toute convulsée prit une teinte livide ; de grosses gouttes de sueur perlaient sur son front.

Quand son bourreau eut jugé que la durée de l'épreuve était suffisante, il cria une seconde fois :

— A toi, Paul Heutzer !

Et, visant l'endroit du cœur, Thuillier appuya sur la détente. Et, — ô ironie du sort ! — la balle chargée par un soldat prussien tua un autre soldat prussien.

François Thuillier avait pu se venger ; il avait infligé à un lâche la peine du talion.

. . . .

Trois ans plus tard, le 30 novembre 1873, un monument commémoratif était élevé sur la tombe de douze soldats français qui avaient reçu leur sépulture dans le cimetière de Mézières.

L'inauguration de ce monument se fit au milieu d'une affluence considérable. A la foule, accourue des environs, se joignaient des parents, des amis des victimes de cette guerre néfaste, dont le souvenir ne s'éteindra

jamais chez ceux qui en ont été les témoins ;
les notabilités civiles et militaires de l'arron
dissement s'étaient réunies aux autorités
locales pour rehausser l'éclat de cette impo-
sante cérémonie.

Le monument, offert par le comité d'Amiens,
est en pierre grise très dure qui défiera pendant de longues années les injures du
temps.

La tombe de ces douze soldats occupe un
espace ayant la forme d'un rectangle mesu-
rant six mètres de long sur trois mètres de
large ; dix bornes reliées l'une à l'autre au
moyen de barres de fer entourent cet empla
cement.

Sur la face nord du monument, on lit :

A LA MÉMOIRE

DES FRANÇAIS MORTS

POUR LA DÉFENSE DE

LA PATRIE

24 NOVEMBRE 1870.

Sur la face à l'est :

15ᵉ RÉGIMENT D'ARTILLERIE.

LAVIOLETTE PIERRE-LOUIS JOSEPH,

SOUS LIEUTENANT.

7ᵉ RÉGIMENT DE MARCHE,

DE DRAGONS.

HACHERETTE JEAN-FRANÇOIS,

MARÉCHAL-DES-LOGIS.

Sur la face à l'ouest :

2ᵉ RÉGIMENT D'INFANTERIE DE
MARINE.

ROUSSELET RENÉ, SERGENT

DOMMERGUES GUILLAUME

GUYON AUGUSTE

LAVENU CHARLES

LEBLANC JEAN

LECOEUR JUSTE-LUCIEN

PIALE JEAN

RAULT AUGUSTE-FRANÇOIS

RICORDEL CLÉMENT

ET UN SOLDAT DU MÊME RÉGIMENT.

Quant au héros de l'épisode qui vient
d'être raconté, nul n'en entendit plus parler.
A-t-il succombé au chagrin que lui causa la
mort de son fils, ou bien s'est-il fait tuer
en continuant de se battre dans la compagnie
de francs-tireurs à laquelle il appartenait ?
C'est ce que l'on a toujours ignoré.

III

L'AUBERGE DU PETIT-HANGEST

Ce mardi 22 novembre 1870, une patrouille de uhlans quittait Roye et suivait la route d'Amiens, qu'elle était chargée d'éclairer.

Arrivés en face du Quesnel, situé à quatre lieues de Roye, les uhlans furent assaillis par une vive fusillade, qui les fit rétrograder.

Le lendemain, une colonne volante, munie même de deux pièces de canon, était envoyée de Roye avec mission de lever l'obstacle qui avait arrêté la veille la patrouille de uhlans.

Vers une heure et demie, les Prussiens arrivaient en face du Quesnel. Ce gros village était occupé par des francs-tireurs. Comme la veille, ceux-ci accueillirent les ennemis par une fusillade bien nourrie. Les Allemands ripostèrent vigoureusement. Les francs-tireurs durent se replier dans le village pour prolonger une lutte qui, dès le début, leur paraissait bien inégale. Qu'importe ! leur devoir était de défendre le sol contre les envahisseurs.

Un groupe de ces braves volontaires occupait, au début de l'action, l'auberge du Petit-Hangest ; cette auberge est située sur le bord de la route, en face du Quesnel et à quelques centaines de mètres des premières maisons de ce village. Le groupe put tenir pendant quelques instants, mais, se voyant bientôt sur le point d'être forcé, il battit en retraite sur le Quesnel tout en continuant de faire feu sur les Allemands.

L'un de ces francs-tireurs, qui se trouvait seul à un angle de l'auberge et dont chacun des coups portait, se trouva tellement animé par son tir qu'il ne remarqua point le départ de ses camarades. C'est lorsqu'il vit les ennemis prendre la direction du Quesnel au pas gymnastique qu'il songea à se retourner et qu'il se vit seul. Il aperçut au loin sur la route le reste de la colonne qui s'avançait à une vive allure ; il avait encore tout le temps nécessaire pour s'échapper et éviter d'être pris. Mais ses munitions n'étaient pas épuisées et une idée surgit aussitôt dans sa tête. Il pénétra dans l'auberge, qui venait d'être abandonnée par ses propriétaires, pratiqua une sorte de meurtrière dans le pignon et attendit que l'arrière-garde de la colonne fût arrivée à portée.

Son attente ne fut pas de longue durée ; le premier coup de feu qu'il tira fit cabrer les chevaux des premiers rangs, ce qui produisit du désordre dans la petite troupe. Il continua de faire feu, et, à chaque coup, un cavalier était atteint. Il ne lui restait plus qu'une cartouche ; il visa l'un des cavaliers qui se trouvait sur le côté de la colonne et qu'il croyait être le chef de la bande. C'était un lieutenant, qui tomba raide mort sur son cheval. Ses compagnons firent halte aussitôt, et, tandis que quelques-uns d'entre eux s'empressaient auprès du lieutenant, les autres se concertaient sur ce qu'ils devaient faire.

Sans perdre de temps, le franc tireur pénétra dans une chambre et échangea ses habits contre ceux du maître de l'auberge ; puis, faisant un paquet de ses vêtements, il en enveloppa son fusil et alla cacher le tout sous le treuil d'une citerne qui se trouvait dans la cour, puis il revint dans la maison. A peine y était-il rentré que la porte de la rue s'ouvrait avec violence et livrait passage à une dizaine de soldats allemands, qui se mirent aussitôt en devoir de fouiller la maison de la cave au grenier tout en vociférant et en frappant les meubles avec la crosse de leur fusil. Ces faux braves croyaient ainsi dominer la peur qui s'était emparé d'eux.

Mais, comme leur recherche n'amena aucun résultat, une détente se produisit en eux ; ils rudoyèrent le franc-tireur qu'ils prenaient pour le maître de l'auberge et voulurent le contraindre de leur servir à boire. Ils allaient lui faire un mauvais parti quand le capitaine qui commandait la troupe entra précipitamment dans l'auberge.

C'était un grand diable au poil presque

rouge, à la barbe hirsute, aux yeux verts en boule de loto, semblant à chaque instant s'échapper de leur orbite. D'une voix qui paraissait sortir d'un gosier de fauve, il adressa quelques mots à ses soldats ; après que l'un d'eux lui eut répondu presque en tremblant, il leur montra la porte en criant :

— Fourth ! fourth ! et il appliqua un formidable coup de botte sur la partie la plus charnue du dernier de la bande.

Se dirigeant vers le franc-tireur, qu'il croyait être l'aubergiste et qui était demeuré spectateur impassible de cette scène, le capitaine de ces porteurs de casques à pointe lui dit en un jargon à peine intelligible tout en roulant ses gros yeux :

— Où est soldat qui m'a tué douze hommes et oune lieutenant ?

— Parti ! répliqua le franc-tireur en allongeant le bras dans la direction de la plaine.

Saisissant l'homme par l'une de ses épaules, il l'entraîna dans la cour et se mit en devoir de visiter les bâtiments. Ses recherches furent infructueuses. En revenant dans la cour, il s'avisa d'ouvrir la porte qui se trouvait sur le côté du treuil de la citerne ; il se baissa pour inspecter le dessous de la charpente. Apercevant le paquet d'habits et la crosse d'un fusil, il les montra du doigt à son compagnon.

— Toi, franc-tireur ! dit-il ; toi, capout !

En cet instant, le franc-tireur eut la pensée de donner une poussée au Prussien, mais il n'en eut point le temps, car celui-ci s'étant baissé pour saisir le paquet s'y prit d'une façon tellement maladroite qu'il perdit l'équilibre et alla piquer une tête au fond de la citerne, qui contenait plus de dix pieds d'eau.

La première pensée du franc-tireur fut de fermer la porte et de prendre la fuite par la grange pour aller se cacher dans une meule qui se trouvait à deux cents mètres de là. Mais la générosité du caractère français l'emporta sur ce premier sentiment.

Quand le capitaine remonta à la surface de l'eau, il regarda le franc-tireur avec des yeux suppliants, et, sur un ton qui n'avait plus rien de l'arrogance ni de la dureté de l'instant d'auparavant, il dit avec un sanglot dans la gorge :

— Bidié ! bidié ! bonne Franchousse ! Nix capout ! nix capout ! Bidié ! bidié !

Sans aucune hésitation, le franc-tireur se mit en devoir de sortir le capitaine de sa malencontreuse baignoire. Il déroula du treuil la corde qui servait à descendre le seau ; il envoya l'extrémité de cette corde au capitaine, qui la saisit. Le franc-tireur, se portant sur la manivelle, la fit tourner et remonta ainsi l'officier allemand. Quand la tête de celui-ci, privée de son casque à pointe, fut arrivée à la hauteur de la margelle, son sauveur, qui l'observait depuis un instant, remarqua que sa mine piteuse et suppliante se transformait comme par degré au fur et à mesure qu'il approchait de l'instant libérateur pour reprendre sa dureté et sa férocité habituelle. Cette constatation donna fort à réfléchir au franc-tireur qui, pendant un moment, cessa de tourner la manivelle, se posant mille questions et se reprochant peut-être d'être un mauvais patriote ; en sauvant cet officier n'allait-il point lui accorder la faculté de faire tuer d'autres Français? Le sentiment de l'humanité l'emporta enfin, lorsqu'il entendit le capitaine, à bout de forces, crier lamentablement :

— Bidié ! bidié ! Nix capout ! Bonne Franchousse !

Le franc-tireur se remit à tourner la manivelle et il put enfin assurer le sauvetage du soldat de Guillaume.

Un Français qui aurait été sauvé dans de semblables conditions se serait confondu en remerciements chaleureux envers son libérateur. Mais, en véritable Allemand qu'il était, le sujet du roi de Prusse se conduisit d'une toute autre façon, bien digne de cette race, dépourvue de tout sentiment délicat. Il saisit son sauveur par le bras et, l'entraînant brutalement vers la porte de la maison, il criait en le rudoyant :

— Toi, franc-tireur ! Capout ! capout !

Le franc-tireur, qui paraissait n'être qu'un gringalet auprès de ce géant, de cette espèce d'ogre, était cependant doué d'une force musculaire peu commune ; il imprima une secousse tellement violente et inattendue à l'officier allemand qu'il l'envoya rouler, la tête la première, sur la margelle de la citerne. Bondissant aussitôt, il se précipita sur l'homme, lui saisit les pieds et le lança vigoureusement dans la citerne, dont il referma la porte.

Il était temps !

Des cris rauques, des hurlements qui n'avaient rien d'humain se faisaient entendre. Le franc-tireur, qui n'était point cependant accessible à la peur, pénétra dans l'auberge, et, soulevant un coin du rideau de la fenêtre, il vit une troupe de soldats allemands courant à la débandade, brandissant qui un sabre, qui une torche enflammée et se dirigeant vers l'auberge du Petit-Hangest. Il n'y avait point de doute, ils allaient incendier cette maison.

Voici ce qui s'était passé. L'avant-garde de la colonne qui avait poursuivi les francs-tireurs jusqu'au Quesnel s'était emparé de ce village, où elle installa une ambulance. L'ordre fut donné d'incendier l'auberge du Petit-Hangest, parce qu'elle avait servi d'asile aux francs-tireurs, les bêtes noires des uhlans.

Se rendant compte des desseins féroces de cette horde qui ne montrait de courage qu'après la victoire notre franc-tireur chercha son salut dans la fuite. Il traversa la cour et s'échappa par le jardin. Déjà, la nuit venait et une sorte de brume favorisa sa retraite. Il alla se blottir dans une meule qui se trouvait à une certaine distance de l'auberge.

De ce point d'observation, il put voir bientôt le feu prendre en quatre endroits différents. Les flammes s'élevaient en gerbes étincelantes, et, orsque tout l'immeuble fut embrasé, les auteurs de ce beau fait de guerre dansèrent une sarabande effrénée autour de l'auberge en se tenant par la main.

Dans l'espèce de chant qui accompagnait leur danse revenaient souvent les mots :

— Malher Franchousse ! Capout francs-tireurs !

Ces modernes barbares ne se doutaient point que, singulière ironie, leur capitaine venait de passer de vie à trépas du fait de l'un de ces exécrables francs-tireurs contre lesquels ils prononçaient des menaces d'extermination.

IV

LE GARÇON MEUNIER

Au mois de juin 1870, le meunier Pascal se trouvait un beau matin à l'une des fenêtres de son moulin à vent, attendant la pratique et considérant, sans jamais s'en lasser, le superbe paysage qui se déroulait devant lui. En face, il découvrait une grande partie du village entouré comme d'une ceinture de verdure; à gauche, la prairie, couverte de hauts peupliers; à droite, un bois épais et fort étendu; derrière, un vaste horizon où venait finir la plaine du Santerre.

Pascal était assurément le meilleur des hommes, et sa probité était en contradiction avec le commun proverbe qui prétend que les meuniers sont voleurs. Naturellement bon, il n'osait rien refuser à personne; il allait en donner une preuve nouvelle. Depuis un moment, il suivait de l'œil un voyageur qui, abandonnant la route, prit le chemin conduisant au moulin. Quand il fut arrivé à portée de la voix, il demanda à

Pascal·la permission d'entrer, ce qui lui fut accordé.

Ce voyageur paraissait jeune ; c'était un garçon bien râblé, d'une figure avenante ; il avait un fort accent étranger qu'il essayait d'atténuer sans pouvoir toujours réussir. Il se donna comme garçon meunier, racontant avec force détails qu'il avait dû quitter son dernier maître — chez lequel il était demeuré pendant de longues années, — par suite d'un incendie qui avait tout détruit le mois précédent.

Pascal suffisait seul à sa besogne ; il n'avait besoin d'aucune aide, mais son interlocuteur se montra si pressant, il exposa d'une façon si persuasive qu'il était sans travail depuis un mois et qu'il allait se trouver sans aucune ressource, que le bon meunier se laissa toucher. Il engagea donc le jeune garçon meunier pour une durée de six semaines avec la faculté pour ce dernier de quitter le moulin le jour où il trouverait une place assurée.

Pascal n'eut qu'à se louer de son garçon meunier, qui se montrait courageux et fort prévenant. Il y avait un mois à peine que celui-ci était embauché, lorsqu'il demanda à son maître de vouloir bien lui confier son cheval pour se rendre à Marcelcave. Cette permission accordée, il partit aussitôt, portant en croupe un sac de son qu'il devait soi-disant livrer à un client. Mais ce sac contenait ses effets avec d'autres qu'il avait dérobés au bon meunier ; celui-ci ne s'en aperçut que le lendemain, constatant en outre qu'il avait soustrait son porte-monnaie, renfermant une centaine de francs ; il déplora ce vol, mais, pensant que son serviteur infidèle avait trouvé une situation meilleure, il n'y pensa plus. Son garçon meunier lui avait néanmoins retourné son cheval par un habitant de Marcelcave, lequel apprit à Pascal que son domestique avait pris le train pour la direction de Tergnier.

Deux jours plus tard, l'on apprenait que la guerre venait d'être déclarée à la Prusse. Les événements se précipitèrent, la France ne tarda pas à être envahie et les soldats ennemis faisaient leur première apparition dans le département de la Somme le 11 octobre.

Les revers succédaient aux revers, et jamais le moindre succès ne venait ranimer d'une lueur d'espoir le courage de nos braves soldats. Bientôt, on n'enregistra plus que des désastres.

Le vendredi 25 novembre, jour de la Sainte-Catherine, Pascal se trouvant sur le pas de la porte de son moulin, aperçut sur la route une dizaine de uhlans qui faisaient leur entrée dans le village : c'étaient les premiers qui s'y montraient. Il remarqua que l'un d'eux, se détachant de la bande, suivait le chemin du moulin ; après un temps de galop, il se trouva auprès du meunier. Mettant pied à terre, il attacha la bride de son cheval à la queue du moulin.

— Bonjour, père Pascal, dit-il en gravissant les marches de l'escalier.

Le meunier, saisi d'étonnement et peut-être de frayeur, ne répondit point.

— Vous ne me reconnaissez donc pas ? demanda le uhlan. Je suis votre ancien garçon meunier.

Se ressaisissant aussitôt, Pascal, qui n'avait point oublié l'acte d'improbité commis à son préjudice par ce personnage, lui demanda avec son air de parfaite bonhomie :

— Me rapportez-vous ce que vous m'avez dérobé ?

A ces mots, le uhlan, qui était quelque peu aviné, entra dans une violente colère ; il s'avança sur son ancien maître, qu'il repoussa brutalement à l'intérieur du moulin. Levant le poing, il fit le geste de le frapper.

Voyant le danger, Pascal essaya de calmer la rage de cet arrogant personnage, dont l'attitude avait bien changé depuis le mois de juin.

Le uhlan s'avança vers une petite armoire où le meunier avait l'habitude de ranger une bouteille d'eau-de-vie. Il s'empara vivement de la bouteille, qui venait d'être remplie ; faisant claquer sa langue contre le palais en clignant les yeux, il enleva prestement le bouchon et porta le goulot à ses lèvres. Quand il eut absorbé près de la moitié du contenu de la bouteille, il reprit haleine. Comme la boisson le rendait furieux, **il recommença à brutaliser le pauvre Pascal,**

qui parvint à s'échapper ; il se mit à l'abri
des mauvais traitements de ce drôle en se
réfugiant dans la soupente de l'écurie. De
cette retraite, il entendait le uhlan briser
tout ce qu'il rencontrait sous ses mains pour
apaiser sa rage.

Lorsque ce furibond se trouva à bout de
forces, il cessa son œuvre de destruction.
Avisant la bouteille d'eau-de-vie, il la vida
d'un trait et la lança au travers de la fenètre.
Cinq minutes plus tard, il roulait ivre-mort
sur le plancher et s'endormait tout de suite
d'un sommeil de plomb.

Pascal observa bientôt qu'un calme complet
régnait dans son moulin ; nul doute. pensa-
t-il, que son ex-garçon meunier avait été
vaincu par l'ivresse. Il se disposait à sortir
de sa cachette pour s'en assurer quand il
entendit des cliquetis d'armes et le galop
précipité d'une troupe de chevaux. Il sortit
précipitamment et reconnut les neuf camarades de son ancien garçon meunier qui s'en-
fuyaient à toute vitesse, comme saisis
d'épouvante.

Le meunier se demandait quelle pouvait
être la cause de cette subite frayeur, lorsque,
vingt minutes plus tard, il en eut l'explication en voyant passer à bride abattue une
trentaine d'éclaireurs français. Pascal courut
vers la route et fit signe aux derniers soldats
de s'arrêter. S'adressant à un brigadier, il
lui dit que, s'il voulait faire un prisonnier,
il n'avait qu'à se rendre au moulin, où il
trouverait un uhlan ; et, pour la certitude

du fait, il montra du doigt le cheval attaché à la queue du moulin.

Tournant bride aussitôt, le brigadier et quatre cavaliers allèrent cueillir le soldat prussien, qu'ils obligèrent à remonter en selle ; puis, se plaçant deux en tête et deux en queue, avec le brigadier sur le côté, ils partirent au galop pour rejoindre les autres cavaliers.

En remontant sur son cheval, le uhlan s'était tourné vers son ancien maître en lui montrant le poing et en le menaçant d'user de représailles. Mais Pascal, que ce rodomont n'effrayait guère, se frottait les mains pour le bon tour qu'il venait de lui jouer.

— Surveillez-le bien ! recommanda-t-il aux cavaliers ; surtout, ne le laissez pas échapper.

Les cinq soldats français et leur prisonnier rejoignirent bientôt leurs camarades qui se trouvaient en avant, arrêtés à l'intersection de deux routes près d'un bois, tenant une sorte de conciliabule au sujet du chemin qu'ils devaient suivre. Tout à coup, ils entendirent une vive fusillade dans la direction du bois. Piquant des deux, ils s'élancèrent du côté d'où partaient les coups de fusil.

Un peu de désordre se produisit dans la petite troupe lorsqu'elle eut pénétré dans le bois. Le prisonnier prussien, pensant qu'une forte patrouille allemande se trouvait là, profita d'un moment d'inattention de la part de ceux qui étaient chargés de le surveiller pour s'échapper par une allée transversale ; mais, à peine avait-il fait cinquante mètres, qu'un coup de fusil parti du fourré voisin l'abattait sur le col de sa monture, puis il roulait sur le sol ; la balle était venue l'atteindre au milieu du front et lui avait perforé le crâne. Une dizaine de francs - tireurs quittèrent aussitôt leur cachette et s'emparèrent du cheval, sur lequel ils placèrent le uhlan pour le ramener dans le village.

Voici ce qui s'était passé. Une poignée de francs-tireurs ayant eu connaissance du passage de quelques uhlans s'étaient embusqués dans le bois ; mais ils les aperçurent trop tard lors de leur retraite ; toutefois, pour les effrayer et pour leur faire voir que le bois était bien gardé, ils avaient fait feu sur eux, mais ils se trouvaient à une trop longue portée pour les atteindre.

Les francs-tireurs ayant ensuite quitté le bois pour se rendre au village furent rejoints à mi-chemin par les éclaireurs français, qui avaient donné la chasse aux neuf uhlans ; mais, comme ceux-ci avaient trop d'avance sur eux, ils prirent le parti de rétrograder.

En les voyant revenir, Pascal s'approcha des francs-tireurs, qu'il connaissait tous. Ayant aperçu un cadavre de uhlan, il l'examina de près et eut bien vite reconnu son ex-domestique, ainsi que son cheval. Il s'écria :

— Ah ! ah ! le voilà le gueux qui m'a volé

mon linge et mon argent, et qui a tout brisé il.n'y a qu'un instant dans mon moulin ; il est mis maintenant dans l'impossibilité de faire le mal ; il est puni comme il le méritait.

Le meunier raconta aux .francs-tireurs qu'il avait eu ce uhlan à son service avant la déclaration de guerre, et que ce particulier était arrivé dans la matinée de ce jour à son moulin, où il avait tout brisé.

Les francs tireurs, fort ménagers de leur temps, ne s'attardèrent point au moulin ; ils firent don du cheval au meunier pour le dédommager du préjudice que lui avait causé son ancien garçon meunier, et lui confièrent le soin d'enterrer le corps de ce dernier.

Pascal creusa une fosse à une dizaine de mètres de son moulin, et, sans prendre la peine de confectionner un cei cueil, il déposa le Prussien au fond du trou ; il combla ensuite la fosse et planta un jeune tilleul sur la tombe ; il prit la précaution de replacer les mottes de gazon pour que l'on ne s'aperçût point que le sol avait été fraîchement remué. Cette besogne accomplie, il prononça cette courte oraison funèbre :

— Maintenant, coquin, dors en paix, si tu le peux.

V

LE SIGNAL D'UNE BATAILLE

Dans la nuit du 26 au 27 novembre 1870, les habitants d'un village des environs de Villers-Bretonneux se trouvèrent réveillés par un vacarme épouvantable. Des coups violents frappés aux portes et aux contrevents, et, par-dessus tout, des clameurs, des cris inintelligibles et des hennissements de chevaux, telle était la cause du réveil subit de toute la population.

Plusieurs milliers de soldats prussiens, infanterie, cavalerie et artillerie, venaient de faire leur entrée. Bien que ne dormant que d'un œil depuis trois nuits, les habitants n'avaient rien entendu au préalable ; c'est que les ennemis, pour assourdir le bruit de leur marche, avaient côtoyé la route, de sorte que le pas des hommes et des chevaux se trouvait amorti dans les terres labourées.

Dès que les portes des maisons furent ouvertes de gré ou de force, toutes les habitations furent envahies au même instant par plus d'hommes qu'elles n'en pouvaient contenir ; c'était, partout, une poussée formidable. Les nouveaux venus commençaient à s'emparer des lits de leurs hôtes. Quant aux retardataires, ils n'eurent d'autre ressource que de coucher sur la paille qu'ils étendirent dans tous les appartements. Les granges, les étables regorgeaient de chevaux. En quelques instants, les pièces de canon étaient rangées à proximité du village, et les artilleurs établissaient un camp auprès.

Le lendemain, dès que le jour parut, tout ce monde était sur pied. Par ordre des autorités allemandes, il fut enjoint aux habitants d'aller déposer à la mairie toutes les armes qu'ils pouvaient posséder chez eux. Après l'exécution de cet ordre, les soldats prussiens brisèrent les fusils qui venaient de leur être remis.

Sur ces entrefaites, l'un des soldats de Guillaume, auquel l'ivresse avait sans doute donné des idées lubriques, voulut violenter son hôtesse, jeune brune fort accorte, qui, d'un revers de main, envoya rouler le soudard à la porte de sa chambre. Au même moment, le mari entra. Mis au courant de ce qui venait de se passer, il tomba à bras raccourcis sur le soldat prussien. Celui-ci résolut de se venger. Voici comment il s'y prit. Il fureta dans tous les coins de la maison et fut assez heureux pour mettre la main sur un fusil de prix que son hôte, qui était braconnier, avait négligé de déposer à la mairie.

S'emparant aussitôt de l'arme, le Teuton courut chez son commandant, auquel il raconta que son hôte l'avait mis en joue avec ce fusil, et que, sans son agilité, il compterait un homme de moins dans son bataillon. Le commandant se laissa prendre au mensonge du digne collaborateur de Bismarck, le patron des donneurs d'entorse à la vérité ; il se fit amener le soi-disant coupable, et, sans autre forme de procès, prononça contre lui la peine capitale.

Un peloton, composé de douze hommes que dirigeait le dénonciateur, conduisit le braconnier à sa maison ; il fut attaché en croix sur sa porte. Sa femme, ignorant ce qui se passait, sortit en entendant du bruit dans la rue. Lorsqu'elle vit son mari dans l'impossibilité de faire aucun mouvement, elle se précipita sur lui en l'accablant de questions ; il n'eut que le temps de lui dire :

— Mon second fusil est caché au pied du troisième chêne, à droite de la grande allée, dans le bois d'Hanon...

A peine lui eut-il donné cette indication — aussitôt comprise — que dix mains s'abattirent sur la pauvre femme pour l'arracher de son mari.

Pendant qu'elle était maintenue à distance, l'officier commandant le peloton donna à ses hommes l'ordre de mettre en joue. Une seconde après, le malheureux braconnier était troué de douze balles.

La femme, demeurée spectatrice forcée de cette barbare exécution, poussa un cri déchirant et s'abattit lourdement sur le sol. Aucun de ces sauvages ne s'occupa d'elle ;

ils retournèrent rendre compte de leur exploit au commandant, qui les félicita chaleureusement de leur acte de bravoure...

Cependant, la pauvre veuve reprit ses sens et se rendit compte de l'immensité de son malheur; elle se releva et alla embrasser frénétiquement celui auquel elle avait voué tout son amour. Elle le détacha et le porta sur son lit en l'arrosant de ses larmes et en lui promettant que sa mort serait vengée ; elle alla chez sa voisine et la pria de veiller le cher défunt; puis, sans rien dire, elle prit sa course vers le bois d'Hanon. La pauvre femme découvrit sans grandes recherches le second fusil de son mari ; elle le cacha sous ses vêtements et rentra dans le village sans éveiller de soupçons.

La circulation devint bientôt fort difficile dans les rues, qui se trouvaient remplies de fantassins et de cavaliers déjà à cheval ; le rappel était battu sur les fourreaux de sabre, dans la crainte que le son du clairon n'avertît les soldats français.

Un bruit sinistre courait dans les rangs de ces fiers Teutons, qui ne trouvaient de courage que dans l'assassinat. En ce moment, ils avaient tous le teint livide ; ils étaient agités d'un tremblement convulsif, et leurs fréquentes sorties des rangs pour certains soulagements prouvaient qu'ils n'étaient pas sans appréhension. C'est qu'en effet, le bruit courait parmi eux d'une rencontre imminente avec l'armée française.

Les habitants du village ne tardèrent pas

à être mis au courant par des lambeaux de phrases qu'ils purent arracher à deux ou trois soldats prussiens qui savaient quelques mots de français. Un combat allait donc se livrer le jour même, en dépit de l'habitude des Allemands, qui ne s'étaient jamais battus le dimanche.

La veuve du braconnier fusillé, qui était aux écoutes et épiait les moindres mouvements du commandant qui avait ordonné le meurtre de son mari, observa la direction que prenaient les troupes prussiennes. Lorsqu'elle les vit suivre la route de Villers-Bretonneux, elle se faufila le long des rideaux, tenant son fusil caché sous ses vêtements. Elle put arriver sans encombre au bois de Hangard, juste à temps pour voir établir les batteries prussiennes à peu de distance de ce bois ; elle se dissimula derrière un gros chêne, et, de ce poste d'observation, elle put suivre tous les préparatifs des ennemis.

Nos troupes s'échelonnaient sur les hauteurs qui dominent la vallée de la Luce, et un régiment avait reçu l'ordre d'occuper le bois de Hangard, où devaient se porter tous les efforts de l'artillerie ennemie.

La jeune femme avait vu le régiment français se poster derrière elle. Tout était prêt pour l'action ; nos hommes le fusil à l'épaule, n'attendaient que le commandement d'ouvrir le feu. Bientôt, le commandant prussien passa devant ses soldats pour leur donner ses instructions : il se trouvait en ce moment tout à fait à découvert. Profitant de cette circonstance, la jeune veuve le mit en joue, et, sans aucun tremblement, elle lâcha la détente. Ce fut le signal. Le feu était ouvert ! Une lutte meurtrière était dès lors engagée ; elle allait s'étendre sur une ligne de six lieues.

La justicière put voir le commandant prussien s'affaisser sur le col de son cheval et celui-ci prendre la fuite vers le village, ce qui ne manqua pas de jeter quelque désordre dans les rangs ennemis.

La femme, dont les nerfs étaient jusqu'alors fortement tendus, frappa ses mains l'une contre l'autre en s'écriant :

— Mon pauvre Henri, tu es vengé !

Puis, poussant un cri strident, qui domina la fusillade et la canonnade, elle courut, échevelée, à travers la plaine. Elle était folle !...

Elle eut à peine franchi une centaine de mètres dans sa course insensée qu'un boulet prussien lui sépara la tête du tronc.

Le cheval du commandant prussien revint avec le cadavre de son maître à l'écurie qu'il avait quittée moins d'une heure auparavant. Les soldats de l'arrière-garde, qui étaient demeurés dans le village, placèrent sur un lit le corps de l'officier.

Le lendemain, des funérailles pompeuses lui étaient faites, et son inhumation avait lieu ensuite dans le cimetière. Et, coïncidence bizarre, trois cercueils faisaient leur entrée en même temps dans le cimetière :

celui du bourreau et ceux de ses deux victimes.

Depuis ce temps, toutes les fois que je visite le champ de repos de mon cher village natal, je détourne instinctivement la tête dès l'entrée pour ne pas voir la première tombe à gauche, qui est celle du féroce Teuton ; mais je me dirige vers une modeste croix de bois, sous laquelle reposent deux héros.

VI

UN HÉROS OBSCUR

E dimanche 27 novembre 1870 avait lieu la bataille sous Amiens ; elle s'étendait sur une ligne de plus de vingt kilomètres.

La première armée allemande, commandée par le général Manteuffel, venant de Metz, se vit barrer sa route par la vaillante petite armée du Nord, que commandait alors le général Farre. Comme sur chaque champ de bataille, nos troupes devaient lutter contre un ennemi quatre ou cinq fois plus nombreux.

C'est à Villers-Bretonneux qu'eut lieu l'action la plus chaude de cette journée. Le feu était ouvert à dix heures du matin ; il ne cessa qu'à huit heures du soir, et, durant dix heures, nos soldats, au nombre de six mille, avaient tenu tête à vingt-cinq mille Allemands.

A plusieurs reprises, les Prussiens, établis sur le plateau qui domine à l'ouest la vallée de la Luce, furent repoussés ; ils se crurent vaincus et s'enfuirent en désordre à Démuin et à Hangard, où ils crénelèrent les murs des maisons pour y établir leurs canons.

Mais les munitions firent défaut à cette poignée de Français, qui avaient montré tant de bravoure et d'héroïsme. Les Prussiens reprirent l'offensive vers trois heures et demie de l'après-midi. Les soldats français, manquant de cartouches au moment où ils croyaient tenir la victoire, abandonnèrent avec désespoir le champ de bataille pour opérer leur retraite.

Durant le combat, un fort détachement d'observation avait été établi par les Allemands dans le bourg de Démuin. Au moment le plus chaud de l'action, une dizaine de sous-officiers pénétrèrent dans toutes les maisons, réquisitionnant les voitures destinées au transport de leurs blessés ; les conducteurs étaient choisis parmi les hommes valides de la population.

Le feu était des plus meurtriers, puisque, pendant la journée, les Prussiens comptèrent cinq cents morts et douze cents blessés. Chose affreuse ! ces ambulanciers pris de force se trouvaient exposés au feu des Français en ramassant leurs ennemis !... Plus d'un père avait son fils dans les rangs de l'armée française ; ces malheureux pouvaient devenir parricides involontaires !... Maudite soit la guerre avec tout son cortège d'horreurs !

Les voitures de blessés se succédèrent sans interruption jusqu'à dix heures du soir. Après le pansement des chirurgiens, on dirigeait les moins grièvement atteints sur Roye, Montdidier, le Quesnel ou Moreuil.

L'un des conducteurs, nommé Prosper, repartant pour la seconde fois sur le champ de bataille, dit à ses voisins :

— Vous ne me reverrez plus, car je ne reviendrai pas. Mais demain, vous trouverez au bois des Mottes beaucoup de casques pointus.

Personne ne fit attention à ces propos, que l'on considéra comme une fanfaronnade ; celui qui les avait tenus était l'homme le plus inoffensif que l'on pût rencontrer sous la calotte des cieux ; il n'était guère possible que l'odeur de la poudre l'eût enivré au point d'en faire un guerrier redoutable. C'était un célibataire frisant la soixantaine et n'ayant plus aucun parent.

A son premier voyage, Prosper avait remarqué un caisson prussien abrité derrière un bouquet d'arbres au lieu dit le bois des Mottes. Quoiqu'il fût d'une conception lente, il se dit que, si ce caisson venait à sauter, tous les soldats qui le gardaient seraient écrabouillés comme chair à pâté. Dès lors, une idée avait germé dans son cerveau, que l'on n'aurait jamais cru capable d'un semblable travail.

Lorsque Prosper fut arrivé sur le champ de bataille, il se dirigea vers le caisson qui occupait toujours la même place ; il descendit de voiture, et, avisant un soldat prussien tombé avant que d'avoir tiré, il se saisit vivement de son fusil ; visant le caisson, il fit feu avant qu'un sous officier, qui avait vu son mouvement et deviné son intention, ne lui eût fendu le crâne comme il se préparait à le faire avec son sabre.

Au même instant, une explosion formidable éclatait, projetant au loin et dans toutes les directions les débris du caisson pê'e-mêle avec les membres des chevaux qui y étaient attelés et ceux des soldats prussiens qui l'entouraient. On évalua à quatre-vingts le nombre des victimes de cette explosion.

Ceux des Démuinois qui furent chargés d'aller ramasser les blessés furent épouvantés à la vue du spectacle qui s'offrit à leurs regards : ici, un bras et une jambe; là, un tronc décapité, et, à l'endroit où se trouvait le caisson, une immense bouillie de chair au milieu d'un liquide sanguinolent... Oh ! l'horreur de la guerre !

L'auteur de cette effroyable boucherie ne revint pas. Ses restes ne furent point retrouvés. Mais le lendemain, après que l'inhumation eut été faite, on découvrit parmi les casques à pointe une casquette de soie : c'était celle de Prosper.

Depuis plus de trente ans que ce fait s'est produit, je n'ai jamais passé sur le chemin du bois des Mottes sans accorder un souvenir au héros obscur dont je viens de raconter l'action héroïque, digne des temps anciens.

VII

LE PUITS ABANDONNÉ

Pendant le combat meurtrier qui se livrait, le 27 novembre 1870, entre les Français établis à Villers-Bretonneux et les Allemands campés à Démuin, ces derniers firent dans le village une réquisition de tous les hommes valides qu'ils chargèrent de relever leurs blessés sur le champ de bataille.

Bientôt les ambulances établies dans les deux écoles de Démuin et dans les plus grandes maisons de ce bourg devinrent insuffisantes. Après un premier pansement, on dirigea les moins grièvement atteints des soldats allemands sur Moreuil, le Quesnel et Roye, où se trouvaient d'autres ambulances.

Pendant toute la soirée et une grande partie de la nuit, les pauvres réquisitionnés furent occupés au transport des blessés. C'était un dévouement forcé, il est vrai, mais qu'ils accomplissaient sans murmurer ; ils prenaient même pitié de ces malheureux jeunes gens dont ils cherchaient à adoucir les souffrances par toutes sortes de soins et de précautions. Mais il n'y a place pour aucun sentiment humain dans le cœur d'un Prussien. Les blessés maltraitaient leurs conducteurs et les frappaient de leur sabre lorsqu'ils n'avaient pu éviter les cahots du chemin.

L'un des conducteurs, Louis Morel, fut plus particulièrement l'objet des brutalités de ces Teutons. Il ruminait dans sa tête quel tour il pourrait bien leur jouer pour se venger. Mais la pitié l'emportait sans cesse sur le désir de la vengeance ; car, après tout, il avait affaire à des blessés aigris par la douleur.

Pour la quatrième fois, Morel arrivait au Quesnel avec un convoi de blessés ; il espérait bien que c'était son dernier voyage. Il était alors un peu plus de minuit. Dès que sa voiture fut vide, il rassembla les guides et se disposa à retourner chez lui, lorsque six uhlans, grimpant prestement dans sa carriole, lui intimèrent l'ordre de les conduire à Démuin.

— Fourth ! fourth ! criaient-ils en le lardant de la pointe de leurs sabres.

Le sang ruisselait sur tout le corps du malheureux conducteur, qui rongeait son frein en se proposant de se débarrasser de ces brutes. Tout à coup, une idée se fit jour dans son cerveau. Il avait remarqué que ses compagnons étaient tous plus ivres les uns que les autres ; leur haleine, qui avait failli le renverser, puait le schnick à quinze pas.

Au bout de quelques kilomètres d'une course à toute vitesse, Morel s'aperçut que l'ivresse, autant que les sauts de la voiture, avait renversé les six uhlans les uns sur les autres ; ils dormaient d'un sommeil de plomb et ronflaient comme des tuyaux d'orgue.

Louis Morel se garda bien de ralentir le trot de son cheval, dans la crainte qu'un changement d'allure ne réveillât ses compagnons. D'ailleurs, il grillait du désir de mettre au plus tôt son dessein à exécution ; il était persuadé de sa parfaite réussite.

A deux kilomètres environ, avant que d'arriver à Démuin, se trouve, non loin du chemin, un puits abandonné et profond de plus de cent mètres ; il fut creusé, il y a de cela bien longtemps, pour servir à l'alimentation d'une briquerie en cet endroit.

Arrivé à quelque distance du puits, Morel dirigea son cheval à travers champs, et, descendant de voiture pendant la marche, il se mit en devoir de dételer à moitié et d'enlever le derrière de la charrette ; puis, la tournant vers le trou béant du puits, il enleva la ventrière et, soulevant les deux brancards, il envoya rouler les six soldats de Guillaume au fond du trou.

Pendant la première partie de la chute, Morel entendit des grognements et des jurons mêlés à un cliquetis d'armes ; les bottes et les crânes frappant contre les parois produisaient un bruit sourd que répercutait l'écho. Après le choc des six corps au fond du puits, Morel tendit l'oreille pendant quelques instants au-dessus de l'orifice ; aucun son ne parvint jusqu'à lui.

— Capout! capout! s'écria-t il en se relevant vivement.

Craignant d'être surpris par quelque soldat de Guillaume, il attela son cheval en toute hâte, remit le derrière de sa voiture et reprit le chemin du village. Il s'attendait à être inquiété, mais comme ces uhlans avaient quitté leur quartier sans autorisation et sans avoir été vus par leurs camarades, le capitaine crut qu'ils avaient été surpris par l'arrière-garde française.

C'est seulement vingt cinq ans après que Louis Morel me raconta, à son lit de mort, l'exploit qu'il avait tenu secret jusque-là.

VIII

LÉGITIME DÉFENSE

(28 novembre 1870)

E jour de la bataille d'Amiens, livrée le 27 novembre 1870, le 2ᵉ bataillon du 4ᵉ régiment d'infanterie prussienne, posté dans le bois de Morgemont, entre Hangard et Villers-Bretonneux, subit des pertes importantes pour garder cette position.

Le combat ayant pris fin à la chute du jour, les soldats allemands rejoignirent leurs cantonnements dans la nuit. Une partie du 4ᵉ de ligne prussien logeait à Hourges, annexe de Domart-sur-la-Luce, sur la route de Noyon à Amiens.

Dans ce hameau habitait depuis une dizaine d'années M. Baudry, ancien notaire à Hangard, né à Domart le 2 juin 1813, décédé octogénaire dans ces dernières années.

Or, le lendemain lundi, les vainqueurs célébrèrent leur victoire en se livrant à de copieuses libations. Tout à coup, l'un des soldats allemands logés chez M. Baudry sortit de la maison : il se trouvait dans un complet état d'ivresse ; apercevant son hôte sur la route, à quelques pas plus loin, il se dirigea vers lui en titubant et lui réclama du *schnaps*. M. Baudry refusa de satisfaire au désir de ce soudard ; celui-ci, furieux, insulta d'abord son hôte en un baragouin incompréhensible, puis il se précipita sur lui. M. Baudry essaya de se défendre à l'aide d'une bêche qu'il tenait à la main ; mais un second Prussien, qui se trouvait non loin de là et qui voyait la scène, accourut prêter main-forte à son camarade.

En présence de ce renfort, qui pouvait être doublé, triplé, décuplé même quelques instants après, M. Baudry prit le sage parti de s'enfuir ; comme il était resté fort alerte malgré ses cinquante-sept ans, il eut vite fait demi-tour pour aller se réfugier dans un fournil dépendant d'une grande ferme située en face de sa maison.

Avec la ténacité des ivrognes, les deux soldats allemands se mirent à sa poursuite ; ils l'auraient sans doute vainement cherché si le chien de M. Baudry, à la piste de son maître, l'ayant senti dans le fournil, ne se fût mis à japper à la porte.

Les deux Allemands, profitant de cet indice, accoururent aussitôt vers le chien, dont ils suivirent tous les mouvements avec attention ; ils voulurent ouvrir la porte du fournil, mais ils trouvèrent de la résistance ; elle était fermée en dedans ; ils se mirent en devoir de l'enfoncer à grands coups de leur sabre.

La situation devenait fort critique pour

M. Baudry ; comme dans les périls extrêmes, il prit une prompte résolution. Avisant dans un coin du fournil un gourdin de la dimension d'un pied de table, il s'en empara. Ouvrant ensuite vivement la porte, il asséna un vigoureux coup de son gourdin sur la tempe de l'un de ses adversaires avant qu'il n'eût eu le temps de se mettre sur la défensive et l'étendit raide mort à ses pieds ; puis, il se précipita sur le second et lui fit subir le même sort ; en moins de temps qu'il n'en faut pour le raconter, M. Baudry avait fait deux cadavres

Pour éviter les conséquences que pouvait avoir ce double meurtre, M. Baudry s'élança dans la prairie et alla se réfugier à Hangard chez l'un de ses parents, où il changea de vêtements en toute hâte. Ainsi déguisé, il fut assez heureux de pouvoir traverser les lignes prussiennes et put arriver sans encombre à Albert. Là, il sauta dans le premier train en partance pour Lille, où il se mit en sûreté chez l'un de ses fils, qui habitait cette ville.

A la suite de cette scène, le major qui tenait une ambulance à Hourges fut appelé auprès des deux victimes qu'avait faites M. Baudry. Comme ce double meurtre n'avait pas eu de témoins, les éléments d'information faisaient complètement défaut. A la vue d'un gourdin d'un côté et de sabres au clair de l'autre côté, le major conclut le plus naturellement du monde que, dans leur ivresse, ces deux soldats s'étaient querellés, qu'ils s'étaient battus et entre-tués. Il donna l'ordre de faire transporter les cadavres dans un fourgon, et il fut procédé ensuite à leur sépulture, qui se fit dans un endroit resté inconnu aux habitants du village.

M. Baudry rentra chez lui quelque temps après, mais ce fut pour apprendre bientôt que son troisième fils, soldat dans l'armée du Nord, était tombé cruellement blessé sur le champ de bataille près de Saint-Quentin ; la blessure fut jugée si grave qu'il fallut procéder à l'amputation des deux jambes du jeune soldat.

Tel est l'épisode que j'ai entendu raconter par le principal héros lui-même. Il en faisait volontiers le récit, mais simplement et sans forfanterie. J'ai cru que le souvenir mérite d'en être conservé.

* *
*

Un complément à cet épisode a été publié dans la *Gazette de Péronne* du 14 février 1901 par M. Henri Caron ; c'est la confirmation d'un fait que quelques rares sceptiques semblaient accueillir avec incrédulité.

Voici le récit de M. Caron.

« M. Alcius Ledieu me permettra de compléter par un souvenir d'enfance son dramatique récit de tous points très exact.

« Le jour même où M. Baudry tua ainsi les deux Prussiens et s'enfuit pour échapper à la vengeance toujours terrible que l'armée allemande exerçait sur ceux qui tuaient des soldats, afin de faire des exemples et de

terroriser les populations, M. Baudry, dis-je,
dut chercher un asile dans les environs afin
d'y passer la nuit, prendre quelque nourriture, se procurer le nécessaire et filer
ensuite sur Albert.

« Il avait suivi la prairie, puis avait repris
la plaine, se trouvant bien à huit kilomètres
du lieu où le drame s'était déroulé ; mais
tous les villages voisins regorgeaient de
Prussiens, et il marchait, toujours dans la
crainte d'être poursuivi.

« La ferme de mes parents (j'avais alors
une dizaine d'années) était remplie de soldats
comme les autres, lorsque, dans la soirée,
un paysan se présenta, qu'on reconnut, avec
la plus grande surprise, pour être M Baudry,
car ce n'est pas sous ce costume qu'on l'avait
jamais vu en sa qualité de notaire de la
famille.

« Il était accompagné de l'un de ses fils et
dut mettre secrètement mes parents effrayés
au courant de tout. Inutile de dire que le
secret fut bien gardé.

« Tous deux purent passer la nuit sans
être tourmentés, quoiqu'ils fussent logés au
milieu des Prussiens, et s'enfuir le lendemain vers le Nord, après qu'on leur eût
remis de l'argent et des chaussures, car ils
avaient dû quitter Hangard en toute hâte
totalement dépourvus de ce qui leur était
le plus indispensable pour leur voyage. »

IX

LES PRUSSIENS A FOUCAUCOURT

(13 DÉCEMBRE 1870)

Dès que le département de la Somme eut été envahi par les hordes teutonnes, une vingtaine de jeunes gens et même d'hommes mariés de Fay, d'Estrées et de Foucaucourt se concertèrent pour résister au progrès de l'invasion.

Ces braves citoyens formèrent un petit corps franc dans ce patriotique coin du Santerre ; ils firent sans relâche la guerre d'embuscade dans un rayon de douze à quinze kilomètres.

Blottis pendant des nuits entières dans les contre-fossés de la route, derrière les haies, au pied des arbres, ils harcelaient sans cesse les éclaireurs prussiens ; bientôt, trois uhlans, dont un chef, tombèrent percés de leurs balles. Le 11 décembre, trois ou quatre pelotons de uhlans furent attaqués par ces volontaires, entre Estrées et Foucaucourt ; cinq des leurs furent tués et deux autres, faits prisonniers, furent conduits à Péronne.

A la suite de cet échec, les uhlans se replièrent sur Foucaucourt, où ils voulurent réquisitionner ; la commission municipale s'opposa à leurs prétentions et ils durent se retirer ; mais ils menacèrent les habitants de représailles qui ne tardèrent pas à se produire.

En effet, deux jours plus tard, le mardi 13 décembre, vers 11 heures du matin, une colonne, commandée par le major Heinichen, arrivait en vue de Foucaucourt ; ce détachement, qui venait de Lamotte-en-Santerre et se dirigeait vers Péronne en reconnaissance, se composait de 400 hommes du 4e régiment, d'un escadron du 7e régiment de uhlans et de deux canons.

Justement, M. de Lameth, d'Hénencourt, qui avait quitté Péronne le matin avec 35 hommes de sa compagnie de francs-tireurs, déjeunait alors avec ses officiers à la table du maire de Foucaucourt. Dès qu'ils furent avertis de l'approche des ennemis, ils se rassemblèrent en toute hâte, et, à la faveur du brouillard intense qui enveloppait la terre, ils purent aller se poster derrière les haies, qui se trouvent en dehors du village, sans être vus de leurs adversaires.

Quand les ennemis furent à quelques centaines de mètres des francs-tireurs, ceux-ci les accueillirent par une vive fusillade. Instinctivement, les Allemands reculèrent ; mais ils constatèrent bien vite qu'ils n'avaient en face d'eux qu'un petit nombre d'hommes ; ils revinrent aussitôt à la charge et lancèrent quelques coups de fusil dans la direction d'où était partie l'attaque, et, mettant leurs pièces de canon en batterie, ils lancèrent des obus sur le village.

Cette riposte déconcerta les francs-tireurs. Le capitaine, jugeant qu'il ne saurait lutter contre des forces supérieures donna le signal de la retraite. Grâce au brouillard et à la tranchée dans laquelle il s'était établi avec ses hommes, il put gagner avec eux le bois de Fay sans être vu des Allemands. Ceux-ci continuèrent leur feu, et, s'apercevant qu'on ne leur opposait aucune résistance, ils continuèrent leur marche et e..trèrent dans le village. Ils se précipitèrent dans toutes les habitations, dit M. Gustave Ramon. « Ces janissaires s'imaginaient avoir encore, comme dans le bois de Fay, quelques jours auparavant, essuyé le feu des habitants. De là leur fureur qui tournait au délire. Ils se crurent, cette fois, en pays conquis, et se livrèrent dans les maisons à une véritable débauche de tir. Plafonds, lambris, armoires, portes et croisées tout leur servit de but. Les caves, les greniers, les granges, étables et écuries, tout fut visité, fouillé, scruté. Le droit de la force régnait en maître. Le mobilier était brisé partout, les animaux gisaient éventrés au milieu de leur litière, les habitants éperdus erraient çà et là, pourchassés à coups de crosse et menacés par les balles. Le masque venait de tomber : la bête fauve, abandonnée à ses instincts sanguinaires, apparaissait maintenant dans toute sa hideur. »

Après qu'ils eurent fouillé toutes les maisons sans avoir découvert ni armes ni munitions, sans avoir aperçu l'ombre d'un franc-tireur, les Allemands, dont la fureur était arrivée à son point extrême, résolurent de se venger des habitants avec tous les raffinements de cruauté dont ils avaient donné tant de preuves pendant le cours de la campagne. Le commandant du détachement donna l'ordre à tous les hommes de sortir des maisons ; quand ils furent descendus dans les rues, on les conduisit en dehors du village, où ils furent étroitement surveillés, puis ils forcèrent les femmes, épouvantées d'être demeurées seules, de leur donner des allumettes pour mettre le feu aux maisons, bien que ces bandits eussent avec eux tout l'attirail des incendiaires.

Bientôt, les flammes commencent à s'élever en dix endroits différents du village, suivant l'ordre qui en a été donné par le commandant, qui, en même temps, faisait annoncer que ceux qui tenteraient de s'opposer aux progrès de l'incendie seraient passés par les armes. Il ne restait plus alors dans le village que les femmes, puisque les hommes avaient été emmenés dans les champs et parqués pour ainsi dire dans un espace resserré que gardaient étroitement quelques farouches porteurs de casques à pointe.

Comme on le voit, ils avaient pris toutes les mesures pour préparer le sombre drame qui allait se dérouler au sein d'une paisible population. Aucun obstacle ne les arrêtera dans le cours des atrocités qu'ils vont commettre, — atrocités dont le germe ne peut naître que dans des têtes carrées, ainsi que, avec leur esprit d'observation, les habitants des campagnes désignaient les soldats de Guillaume.

C'est alors que cette horde de forcenés commence la scène de carnage dont le souvenir n'est pas près de s'éteindre parmi la population. Tandis que les uns percent de leur baïonnette M. Basset, retenu depuis longtemps par la maladie sur son fauteuil, d'autres tirent sur son fils venu à son secours, puis ils pillent sa maison. Un autre habitant, infirme, âgé de 50 ans, est lâchement assassiné chez lui. Une quatrième victime, M. Lhomme, est enlevée de sa maison, traînée dans la rue et, finalement, elle tombe sous les coups de baïonnette qui lui sont portés par les furieux. Un autre vieillard, M. Cavillon, reçoit une balle dans le bras ; après l'amputation, il succombe aux suites du coup de feu qu'il a essuyé. Puis, cette soldatesque se rue sur d'autres malheureux innocents qui sont gravement blessés et meurtris de coups.

Comme digne couronnement de cette série de cruautés, quelques soldats qui avaient pénétré dans un moulin en sortent traînant à leur suite un jeune homme de dix-sept ans, Charles Pottier. Malgré le fracas du dehors et l'incendie qui consume le village, cet enfant n'a pas cessé de travailler ; ses bourreaux, qui l'accusent d'être un franc-

tireur déguisé, le poussent brutalement jusqu'à la grange ; il reçoit un premier coup
de baïonnette dans le côté gauche et un
second coup dans le col, puis il est
lâchement fusillé. Ce forfait accompli, ces
forcenés pénètrent en hurlant dans la maison
de l'infortuné jeune homme ; ils se saisissent
de sa mère et de sa sœur, qui ne se doutent
nullement du crime qui vient d'être perpétré
dans la grange à quelques pas d'elles. Les
deux malheureuses opposent une résistance
désespérée que redouble la crainte du sort
qu'elles redoutent ; elles se cramponnent
aux montants de la porte ; la défense des
deux femmes les sauva d'une mort certaine.
Leurs bourreaux tentent un dernier et
suprême effort pour les entraîner dans la
cour lorsqu'un appel de trompette traverse
soudain les airs et leur fait lâcher
prise.

Voici ce qui venait de se passer. Il y avait
environ trois heures que les Prussiens
étaient occupés à l'utile besogne qui vient
d'être racontée et qui semblait n'être pas
encore près de sa fin, lorsque les vedettes
qui surveillaient la plaine remarquèrent au
loin, après la disparition du brouillard, que
des fusils brillaient au soleil. Ces éclaireurs
revinrent en toute hâte dans le village
rendre compte de ce qu'ils venaient de voir.
Sans nul doute, c'était l'avant-garde d'un
détachement que le commandant de place
de Péronne envoyait au secours des habitants de Foucaucourt. C'est alors que le

clairon avait sonné la retraite ; il était deux
heures d'après midi.

Les soldats allemands, interrompant aussitôt leur œuvre de carnage et de destruction,
abandonnèrent leurs victimes et quittèrent
Foucaucourt en toute hâte pour prendre la
direction de Marcelcave et rentrer à Amiens.
C'est à cette circonstance toute fortuite que
le village dut de n'être pas réduit en cendres
jusqu'à la dernière maison.

Les canons de fusil qui avaient effrayé les
éclaireurs allemands et jeté la panique dans
le détachement ennemi n'étaient autres que
ceux d'une quinzaine de volontaires de Fay,
commandés alors par M. Boinet, d'Assevillers, qui rampaient dans les silos de
betteraves à quelques centaines de mètres
de Foucaucourt. Ils n'attendaient, pour
faire le coup de feu, que l'arrivée du
renfort que leur chef, M. Dautrevaux, était
allé demander à Péronne. Mais le secours
attendu n'arrivait à Estrées que deux
heures après le départ des ennemis.

En quittant le village, les Allemands
emmenèrent avec eux toute la population
mâle et les chevaux et les voitures qu'ils
purent rencontrer ; mais, quand ils eurent
parcouru quelques centaines de mètres, ils
constatèrent que cette capture retardait
leur marche ; ils résolurent de rendre leurs
prisonniers à la liberté, d'autant plus qu'un
de leurs espions, un Wurtembourgeois qui
servait incognito dans la compagnie de M. de
Lameth, leur affirma qu'aucun de ces hommes

n'avait tiré sur eux. Ils emmenèrent seulement le maire et un membre de la commission municipale, qu'ils enfermèrent à
Amiens ; mais, quelques jours plus tard, ces
deux otages étaient relâchés.

Tel est le résultat de l'affaire du 13 décembre 1870, et dont le souvenir demeurera
écrit en lettres de flammes et de sang dans
le village de Foucaucourt. M. G. Ramon lui
a consacré dans son beau livre quelques
pages émues que tout bon patriote ne saurait
lire sans éprouver un profond sentiment de
pitié pour les victimes d'une soldatesque qui
fit la guerre au mépris du droit des gens.

La somme totale des dommages causés à
Foucaucourt s'est élevée à plus de 223,000
francs. C'est un chiffre énorme pour une
population de 575 habitants, réduite aujour-
d'hui à 496. Dans ce total, les réquisitions
entrent pour un peu plus de 28,000 francs,
les vols pour près de 78,000 francs et les
dommages résultant des incendies dépassent
88,000 francs.

Et les actes de leur inexplicable cruauté ?...

Et les victimes de leurs lâches assassi-
nats ?...

Oh ! l'exécrable bilan de la guerre !...

La lettre suivante, adressée par M. Albert
Blondin, sous-préfet de Péronne, au com-
missaire de la Défense nationale à Lille, et
au préfet de la Somme, alors à Abbeville,
servira de conclusion au récit des sauvages
atrocités commises à Foucaucourt.

« Mon télégramme de mardi soir, 13 du

courant, vous annonçait, dans son laconisme,
un exploit de la petite compagnie d'éclaireurs du marquis de Lameth, — un beau
nom, bien porté, — et, en même temps, la
vigoureuse résistance opposée à l'invasion
par les habitants de Foucaucourt, commune
du canton de Chaulnes.

« J'ajoutais qu'à la nouvelle de l'attaque,
une colonne d'infanterie appuyée de deux
pièces de campagne était partie de Péronne,
sous le commandement du chef de bataillon
Cavelier, des mobiles du Pas-de-Calais. pour
venir en aide aux braves gens de Foucaucourt et d'Estrées.

« A l'heure où j'écrivais, nous ne con-
naissions pas encore le résultat de cette
sortie.

« Ma dépêche partait à peine que la
colonne expéditionnaire rentrait, nous appor-
tant cette douloureuse nouvelle.

« L'ennemi, sans attendre nos troupes,
s'était retiré précipitamment après avoir
incendié le village et porté la désolation
dans quelques familles par l'assassinat froi-
dement consommé d'un enfant et de quelques valétudinaires désarmés et inoffensifs.

« Le dieu des batailles qu'invoque si souvent le roi Guillaume venait encore une fois
de bénir les armes du pieux monarque, et
la reine Augusta pouvait faire illuminer à
Berlin.

« La notice ci-jointe, émanée d'une source
honorable, rapporte, sans exagération, dans
leurs odieux détails, ce nouveau forfait des

barbares qu'ont déchaînés sur la France et la stupidité des Bonaparte et la servile complaisance des élus de nos campagnes.

« J'ai pu contrôler *de visu* la véracité de ce récit, car il me semblait que, n'ayant rien pu, faute de temps, pour épargner cette épreuve à nos malheureux concitoyens, nous leur devions, nous nous devions à nous-mêmes d'aller remercier, au nom du Pays, sur le théâtre de leur résistance, ces hommes énergiques que la contagion de la peur n'avait point atteints, et qui, — dans cette lutte gigantesque engagée par deux despotes et poursuivie aujourd'hui entre l'esprit féodal d'une part et, de l'autre, la civilisation moderne, — avaient puisé dans le sentiment de leur dignité la vigueur nécessaire pour défendre, sur leur coin de terrain, un contre dix, les foyers de leurs pères et la liberté de leur patrie.

« Un bon citoyen dont vous verrez toujours le nom associé à toutes les pensées généreuses, M. G. Gonnet, colonel de la 3e légion de la Somme, voulut bien m'accompagner. — Nous partîmes jeudi matin pour Foucaucourt. Quand nous arrivâmes, le feu n'avait point encore terminé son œuvre de destruction. La population mâle du village s'employait à l'éteindre, et c'était sur les débris fumants de leurs granges incendiées que nous pûmes faire entendre à ceux qui nous entouraient, en deux mots et sans phrases, quelques paroles de sympathie, de gratitude et d'encouragement.

« Le désastre ne se bornait point, hélas ! à des pertes matérielles ; il y avait des morts à pleurer.

« Les parents seuls pouvaient leur rendre les derniers devoirs, les autres étant occupés ailleurs.

« Nous nous joignîmes au cortège.

« Le sentiment qui nous dictait cette démarche fut si bien compris que les familles nous firent place, d'elles-mêmes, en tête du convoi, sentant bien que, là où des citoyens étaient tombés, — victimes expiatoires de la grande cause nationale — la première place au deuil était pour le représentant, — si obscure que fût sa personnalité, — des pouvoirs de la nation.

« Cela suffisait. Et nous crûmes bon d'assister dans le silence et le recueillement à ces humbles funérailles, refoulant dans notre cœur les cris d'indignation et de vengeance qui nous venaient aux lèvres et ne voulant, en aucune façon, troubler ces douleurs intimes dans le seul lieu du monde où puissent régner aujourd'hui le calme et l'apaisement.

« J'aurai l'honneur, messieurs, de vous entretenir par un autre courrier des mesures qu'il me paraît urgent de prendre pour affirmer, — d'office au besoin, — l'esprit de solidarité qui doit relier entre elles, contre l'ennemi commun, toutes les populations françaises.

« On ne rend pas la vie aux morts, et la perte d'un fils, d'un mari, d'un père est, nous le savons bien, chose irréparable. Mais, pour.tout ce qui s'évalue en argent, il faut que le pays intervienne et qu'on sache bien, par un solennel exemple de réparation, que la ruine n'est pas la conséquence forcée, inévitable, du devoir accompli ».

Cette lettre, écrite en termes émus et toute vibrante d'un chaud patriotisme, a pour auteur M. Albert Blondin, alors sous-préfet de Péronne.

X.

PREMIER COUP DE FEU

D'UN FRANC-TIREUR

E samedi 17 décembre 1870, l'armée du Nord, sous la conduite du général Faidherbe, s'avançait jusqu'à Longueau. Les soldats prussiens, qui occupaient Amiens, se retirèrent en partie dans la citadelle et les autres évacuèrent la ville et les villages environnants.

Faidherbe ayant reconnu qu'il y aurait témérité à essayer de reprendre Amiens, se retira dans la vallée de l'Hallue.

Les ennemis, qui avaient disparu comme par enchantement à l'approche de l'armée française, reparurent deux jours plus tard dans la vallée de la Luce.

En effet, le lundi suivant, nous fûmes prévenus dans notre village que l'on venait d'apercevoir dans la plaine cinq ou six éclaireurs allemands. Une poignée de francs-tireurs embusquée derrière un rideau couronné de quelques buissons d'épines les avait mitraillés presque à bout portant.

Les chevaux tournèrent bride aussitôt

emportant leurs cavaliers renversés tous sur le col de leur monture et prirent leur galop au hasard à travers champs.

Mais l'un des chevaux continua sa course vers le village. Le soldat qui le montait, et qui, seul, paraissait n'avoir pas été atteint, se trouva bientôt à une faible distance des francs-tireurs ; deux d'entre eux le mirent en joue. A cette vue, il devint livide ; il jeta successivement à terre son casque, son fusil et tout son tourniment en criant, effaré :

— Nix battre ! Nix battre !... Nix capout !... Ponnes Vranzais !... Nix battre ! Nix battre ! Nix capout ! Nix capout !

Les francs-tireurs baissèrent leur arme et se dirigèrent en courant sur le soldat allemand qui se rendait ainsi prisonnier. Celui-ci ayant fait arrêter son cheval se laissa glisser à terre et, s'étant mis à genoux, implora d'une voix piteuse et avec une mimique des plus réjouissante la pitié de ceux qui étaient maîtres de sa vie.

— Nix battre ! Nix capout ! répétait-il sans cesse avec des larmes dans la voix et en tremblant de tous ses membres.

Ce soldat si courageux était un hussard, car, depuis le commencement de la campagne, les ennemis avaient perdu une telle quantité de uhlans que le service d'éclaireurs était confié aux hussards.

Le prisonnier fut conduit en triomphe dans le village par les auteurs de cette capture. On reconnut le cheval qu'il montait pour avoir été pris à l'un des habitants le

lendemain du combat de Villers-Bretonneux ;
c'est pour cette raison que l'animal, au lieu
de rebrousser chemin aux premiers coups
de feu, avait continué sa route parce qu'il
sentait son écurie.

Heureux de rentrer ainsi en possession
de son bien, le propriétaire du cheval fit
bon accueil à la bête et à l'homme. Celui-ci
ne cessait de répéter :

— Nix battre ! Nix battre ! Nix capout !

Par sa mimique, il fit comprendre qu'il
ne voulait plus se battre et qu'il tenait à se
dépouiller de ses habits de soldat. On lui
remit alors des vêtements appropriés à sa
taille ; puis, comme il paraissait avoir faim,
on lui apporta des aliments pour restaurer
au moins quatre soldats français. Ce goinfre,
qui ne connaissait point l'usage de la four-
chette, ne fit aucun reste ; on se demandait
s'il était rassasié. Les habitants, avec leur
bonté native, particulière aux populations
du Santerre, s'apitoyaient sur ce porteur de
casque à pointe, qui, certes, ne souffrait pas
de la faim comme eux.

Quand ce digne enfant du pays de la
choucroute se fut ainsi restauré, on lui servit du café et on lui apporta d'abord un
litre d'eau de-vie de qualité inférieure, de
celle qui est si bien dénommée *tord-boyaux* ;
mais l'homme trouvant sans doute qu'elle
n'avait pas assez de montant y ajouta plusieurs fortes pincées de poivre. Il eut vite
fait de vider la bouteille. Un second litre lui
fut apporté, qui ne tarda pas à être absorbé.

Ainsi lesté, le soldat de Guillaume s'allongea sur une botte de paille dans l'aire de la grange où il se trouvait et fut bientôt pris d'un sommeil de plomb.

Ordre avait été donné de surveiller le prisonnier. Deux gardiens se relayaient d'heure en heure. Le lendemain matin, il dormait encore à poings fermés. Durant vingt quatre heures, il ne cessa de ronfler comme un tuyau d'orgue.

Vers midi, une alerte très vive se produisit dans le village. Des éclaireurs prussiens venaient d'être signalés à une distance très rapprochée. On se porta en toute hâte dans la plaine. Les francs-tireurs, s'emparant vivement de leurs armes, se dirigèrent dans les bois en rampant derrière les rideaux, sur la terre couverte de neige que durcissait la gelée.

Les gardiens du prisonnier, mus aussi par la curiosité et croyant que leur hôte dormait toujours d'un profond sommeil, quittèrent la grange pour aller aux nouvelles.

Au bout de quelques instants, un franc-tireur qui s'était posté sur la lisière du bois avoisinant le village, entendit un galop de cheval dans la direction opposée à celle où se trouvaient les éclaireurs prussiens. Il se retourna et aperçut un cavalier revêtu d'un accoutrement des plus bizarres ; mais jugeant qu'il n'avait point affaire à un soldat ennemi, il se tourna du côté opposé pour surveiller au loin la contenance des éclaireurs.

Le cheval continuait de galoper, et bientôt

il eut dépassé le franc-tireur, que le cavalier avait aperçu. Lorsque celui-ci fut arrivé au carrefour du bois et qu'il se crut hors d'atteinte, il se mit à ricaner de toutes ses forces, et, interpellant le franc-tireur, il cria :

— Zale Vranzais Zale Vranzais ! Nix capout ! Nix capout !

Puis, se tenant debout sur ses étriers, il se tourna vers le franc-tireur et lui fit d'abord un pied de nez en continuant de ricaner et de crier :

— Nix capout ! Zale Vranzais !

Enfin, il compléta ses gestes orduriers en se frappant fortement de la main droite ce que le franc-tireur, qui me racontait plus tard cette scène, appelait d'un mot pittoresque *sen pondoir*, – mot picard fort expressif qui n'a pas son équivalent en français.

Ce dernier geste du hussard vexa au dernier point le franc-tireur, qui se borna à ronger son frein en silence pour deux raisons : d'abord, le Prussien avait détalé au plus vite dans une allée transversale du bois et se trouvait ainsi hors d'atteinte ; en second lieu, tirer un coup de fusil en cet instant et en cet endroit aurait eu pour conséquence de faire rebrousser chemin aux éclaireurs ennemis qui s'avançaient dans la direction du bois.

Le franc-tireur se promettait bien de se dédommager de ce coup manqué sur les hussards qui semblaient vouloir se mettre bientôt à portée de son fusil. Certes, il ne tremblait point, mais une légère émotion lui courait à fleur de peau. C'était le premier coup de feu qu'il allait tirer sur cette sorte de gibier. Pour ne point défaillir, il se disait qu'il avait affaire à des ennemis, à des incendiaires, à des pillards, à des voleurs, à des assassins, et cependant c'étaient des hommes...

Il en était là de ses réflexions et peut-être allait-il, par un excès de sensiblerie, s'apitoyer sur cette race de traîtres et de faux braves lorsque le bruit d'une vive fusillade lui fit tourner la tête du côté d'où elle partait. C'étaient les autres francs-tireurs, ses camarades, qui étaient partis en avant et qui, lorsque les hussards allemands furent à portée de leurs armes, les accueillirent par une grêle de balles.

Ah ! les balles de ces francs-tireurs, — la terreur des éclaireurs prussiens, — elles étaient un peu plus grosses que des grains de sel ; ces braves les fondaient eux-mêmes, et ils n'épargnaient pas le métal ; toutes leurs cuillers y passèrent successivement ; c'était de véritables « balles à loups » qu'ils fabriquaient.

La fusillade qui venait de se produire avait été des plus meurtrières, à en juger par les vides qui se produisirent dans le peloton d'éclaireurs.

Les chevaux qui n'étaient point atteints firent volte-face et repartirent ventre à terre dans la direction d'où ils étaient venus, emportant les morts, les blessés et les vivants. Tous ces cavaliers tressautaient à qui mieux mieux sur leurs montures; le nez des uns frappait sans cesse sur le pommeau de la selle; le grand manteau des autres traînait sur le sol, tandis que leur sabre battait les flancs du cheval et accélérait son allure désordonnée.

Le franc-tireur qui se trouvait seul à l'affût sur la lisière du bois maugréait contre le sort qui lui avait fait perdre la trace de ses camarades, qui, beaucoup plus heureux que lui, avaient pu mettre dans le mille. Il était d'autant plus dépité que, engagé depuis huit jours seulement, et animé de toute l'ardeur du néophyte, c'était la première fois qu'il apercevait le gibier pour lequel il prenait l'affût chaque jour.

Tout à coup, il entend à quelques pas derrière lui le galop précipité d'un cheval.

— Patapan! Patapan! Patapan!

Il tourne la tête et qu'aperçoit-il? Le hussard prussien qui lui avait demandé grâce le matin et qui s'était moqué de lui tout à l'heure. Effrayé à la vue de la compagnie de francs-tireurs qui venait de tirailler sur ses congénères, il avait rebroussé chemin à bride abattue. Lorsqu'il fut arrivé à une vingtaine de pas du franc-tireur, celui-ci alla se poster sur le chemin pour l'attendre au passage.

A sa vue, le Prussien, qui n'avait plus envie de rire, devint livide et se mit à trembler comme une feuille.

— Ah! te voilà, mon gaillard! lui cria le franc-tireur. Je ne vais pas te manquer, cette fois. Je te tiens. Tu ne m'appelleras plus sale Français. Ah! ah! mon drôle, capout! capout!

Le cavalier crut encore échapper en voulant prendre à travers le taillis. Mais le franc-tireur, qui avait prévu son dessein, le mit en joue et fit feu. Il avait pris pour cible l'endroit que l'autre lui avait indiqué quelques instants auparavant par manière de moquerie. Comme il s'était couché sur son cheval, la balle ayant pénétré par la partie la plus charnue de son individu alla sortir entre ses deux épaules, lui labourant ainsi l'épine dorsale d'un bout à l'autre.

— Ah! certes, m'a raconté depuis ce franc tireur, pour un beau coup de fusil, c'était un beau coup de fusil. Depuis huit jours que je prenais l'affût, il m'arrivait souvent de faire des réflexions sur le métier de chasseur d'hommes pour lequel je m'étais enrôlé. J'avais affaire à des ennemis, il est vrai, qui, pourtant, ne m'avaient jamais rien fait. Après tout, c'étaient des hommes, des pères de famille. Oui, j'exerçais là un métier bien pénible, je vous l'assure. Au fond, tout au fond de mon cœur, je me réjouissais de ne m'être pas encore trouvé dans l'obligation d'envoyer du plomb sur un gibier que je n'avais pas encore chassé. Mais je dois confesser que l'attitude du premier Allemand que j'ai « descendu » m'a guéri à tout jamais de ma sensiblerie à l'égard de cette maudite engeance. Mon premier coup de feu m'a néanmoins causé une véritable émotion. Mais depuis..., ah! j'en ai envoyé de ces pruneaux sans trembler!... Nous en avons tiré de ces casques à pointe!

Le hussard prussien qui avait eu le don d'étrenner notre franc-tireur glissa de son cheval sur le bord du chemin, tandis que sa monture continuait de galoper dans la direction du village.

Attirés par le coup de fusil qu'ils venaient d'entendre, les francs-tireurs qui se trouvaient en avant revinrent sur leurs pas et aperçurent leur camarade occupé à palper le soldat prussien. Il était mort. La balle l'avait foudroyé.

Un brancard fut vite improvisé. Le cadavre fut transporté jusqu'à une grange isolée qui se trouvait à deux cents mètres des premières maisons du village. Une fosse fut creusée et l'on y déposa le corps du soldat allemand. Sur le pignon de la grange, on traça une grande croix noire et l'on écrivit au-dessous : Ici gît Nix battre.

Si ce malheureux, — dont on ne connaissait pas le nom, — a laissé un père et une mère dans son pays, ils n'auront jamais su où reposent ses os.

XI

IMMENSE GRILLADE

LA veille de la bataille de Pont-Noyelles, qui eut lieu le 23 décembre 1870, quatorze cents fantassins allemands arrivaient dans un village de la vallée de la Luce pour y loger. Ils étaient à peine installés, ou mieux entassés, que les habitants virent s'arrêter à l'entrée de leur village une trentaine de voitures d'aspect tout à fait primitif et plus lamentables les unes que les autres ; elles étaient traînées par de pauvres haridelles misérablement harnachées.

Les conducteurs de ces attelages étaient des Allemands qui suivaient les soldats de Guillaume et leur achetaient à vil prix le produit de leur butin. C'est dans ces voitures que nos pendules, volées par les officiers eux-mêmes, traversèrent le Rhin.

Ces conducteurs, dont l'accoutrement était aussi misérable que grotesque, avaient amené avec eux leur femme et leurs enfants ; ceux-ci faisaient déjà preuve d'une véritable aptitude pour le maraudage et pour le vol.

Comme les maisons, les étables et les granges regorgeaient de soldats allemands,

6

force fut donc aux maraudeurs qui les suivaient de demeurer en dehors du village. Ils avisèrent une grange située à l'écart pour s'y établir.

Ces honnêtes trafiquants alignèrent leurs voitures sur le bas-côté de la route, puis ils firent pénétrer leurs chevaux dans la grange et leur donnèrent à manger le fourrage qui s'y trouvait. Ils s'occupèrent ensuite de leur repas, qu'ils arrosèrent copieusement de *schnaps*, suivant leur louable habitude.

Vers le soir, le fermier, accompagné de son domestique de charrue et de la femme de celui-ci, se rendit à sa grange pour y prendre la quantité de fourrage nécessaire à ses chevaux.

A la vue des arrivants, les occupants essayèrent de s'opposer à l'entrée du fermier et de ses serviteurs. Mais le fermier, qui était une sorte de géant, renversa d'une poussée les deux ou trois mangeurs de choucroute qui voulaient lui barrer la porte, puis, brandissant une fourche dont il avait eu la précaution de se munir, il put ainsi se frayer un passage.

Le domestique, qui s'appelait François, avait épousé au mois de juin précédent la fille de basse-cour du fermier ; c'était une forte femme, haute en couleur, à la chevelure rutilante. Elle tenait à la main une lanterne, et, tandis qu'elle éclairait son mari pour l'enlèvement des bottes de fourrage, l'un des Allemands à demi-ivre s'avança à pas de loup derrière elle et voulut la prendre par la taille ; au même instant, il reçut de la femme un formidable revers de main qui l'envoya rouler trois pas plus loin. Il se recula tant bien que mal en se frottant la joue et voulut renouveler la même tentative. Mais François, apercevant son manège, se précipita sur lui et le roua de coups.

Les compagnons de l'ivrogne prirent fait et cause pour celui ci, et ils allaient faire un mauvais parti au domestique quand la femme de ce dernier eut la précaution d'éteindre la chandelle de la lanterne. Grâce à l'obscurité, le fermier et ses deux serviteurs purent s'échapper de la grange et éviter les mauvais traitements dont ils auraient été infailliblement l objet .

En rentrant à la ferme, François était dans un état de surexcitation extrême ; il ne parlait de rien moins que d'exterminer jusqu'au dernier soldat prussien ; sa femme essayait de le calmer par de douces paroles.

— Que crains-tu ? disait-elle. Aucun de ces *paours* ne saurait porter impunément atteinte à ma personne. Je te jure que le premier qui me touchera sera un homme mort.

François finit cependant par s'apaiser peu à peu. L'énergie de sa femme lui rendit le calme. Il alla se coucher, mais il ne put s'endormir. Il repassait dans sa tête les mille moyens qui se présentaient de tirer vengeance de l'insulteur et de ses compagnons. Enfin, n'y tenant plus, il profita de ce que sa femme dormait à poings fermés pour se lever sans faire de bruit et sortit furtivement de la ferme. Il se dirigea avec toutes les précautions possibles vers la grange de son maître ; il eut la chance de ne rencontrer âme qui vive.

Lorsque François fut arrivé à une dizaine de pas de la grange, il aperçut à la lueur d'un brasier allumé à la porte extérieure l'insulteur de sa femme, que ses compagnons avaient sans doute placé là en guise de sentinelle. Mais la chaleur du feu qu'il avait allumé, comme aussi les nombreuses rasades de *schnick* qu'il s'était octroyées, avait alourdi ses paupières ; il avait fini par céder au sommeil, et il s'était affalé contre le mur de la grange.

A cette vue, François éprouva un sentiment de satisfaction indicible. Le hasard, qui fait toujours bien les choses, mettait ainsi à sa portée celui dont il voulait tirer une vengeance exemplaire.

En quittant la ferme, François s'était pourvu d'une fourche ; armé de cet instrument, il fonça sur le Prussien, et, ajustant son coup, il le perça d'outre en outre, à l'endroit du cœur.

Le sujet de Guillaume, surpris ainsi pendant son sommeil, n'eut même pas le temps d'ouvrir l'œil ni de pousser un cri avant de passer de vie à trépas.

Sans prendre la peine de retirer la fourche du corps de sa victime, François, avisant un trou au mur de la grange, y introduisit la

main et en retira une poignée de paille ; il
en fit une torche qu'il alla enflammer au
brasier ; puis, retournant au trou du mur,
il communiqua le feu aux gerbées. Il fit le
tour du bâtiment en introduisant sa torche
à chaque trou qu'il apercevait. En un clin
d'œil, l'incendie embrasa toute la grange.

Revenant alors à la porte, il l'ouvrit toute
grande, et, s'emparant de sa fourche, il
souleva le cadavre de sa victime comme s'il
se fût agi de la carcasse d'un animal et le
projeta dans le milieu de l'aire. Le bruit
que fit ce corps en tombant au milieu de ses
compagnons endormis réveilla ceux qui en
avaient supporté le choc ; ils se mirent
aussitôt à pousser des grognements tout en
toussant, car la fumée commençait à envahir
l'aire de la grange.

Avant qu'ils n'aient eu le temps de se
récipiter vers la porte, François l'eut bien
vite tirée à soi et fermée à double tour pour
qu'aucun de ces recéleurs de pendules ne
pût s'échapper. Du dehors, il entendait les
cris, les hurlements, les vociférations de
ces malheureux, qui, d'ailleurs, décroissaient
d'instant en instant au fur et à mesure que
l'asphyxie les atteignait ou que le feu les
consumait ; ils faisaient en quelque sorte
l'apprentissage de l'enfer, où ils allaient
bientôt comparaître.

François entendait les chairs grésiller
dans cette fournaise, et, malgré l'odeur
nauséabonde que dégageaient ces corps carbonisés, il demeurait à son poste, impassible,

sans pitié. A plusieurs reprises, il repoussa avec sa fourche quelques-uns de ces infortunés qui avaient tenté de s'échapper par l'un des trous qu'ils avaient agrandi.

. Tout à coup, un craquement sinistre se fit entendre : c'était le toit qui s'effondrait et qui tua ceux de ces malheureux que le feu n'avait point encore atteints.

Dès cet instant, les cris, les pleurs, les gémissements, les plaintes, les râles cessèrent. François, dont la vengeance était satisfaite, jugea sa présence inutile et même dangereuse. Il retourna à la ferme avec plus de précaution encore qu'il n'en avait pris pour en sortir. Il se coucha tranquillement et dormit du sommeil du juste ; il n'eut aucun remords, persuadé qu'il était d'avoir accompli une action méritoire.

Personne dans le village, ni les habitants ni les soldats prussiens, ne s'était aperçu de l'incendie qui avait dévoré la grange du fermier pendant la nuit. C'est que, d'abord, un brouillard intense remplissait la vallée ; en outre, le vent, qui était du Nord, chassait la flamme et la fumée à l'opposé du village.

Le lendemain matin, bien avant que le jour n'eût paru, le rappel était battu par les soldats allemands. En quelques instants, toute cette horde était sur pied ; elle se mettait en marche aussitôt et prenait la direction de Pont-Noyelles, où un combat meurtrier ne devait point tarder à s'engager.

Il y avait plus de deux heures que les ennemis avaient quitté le village quand un meunier annonça que la grange du fermier était consumée. On se porta en foule vers ces ruines encore fumantes, et l'on conclut que cet incendie était dû à une imprudence des malandrins qui s'y étaient abrités. Leurs voitures étaient restées alignées le long de la route. On en passa aussitôt l'inspection, et l'on ne fut pas peu surpris de constater qu'elles renfermaient les objets les plus divers et les plus précieux. Le butin qu'elles contenaient devint aussitôt l'objet d'un pillage général.

Quand ces voitures eurent été complètement dévalisées, quelqu'un proposa de les transporter sur l'emplacement de la grange et d'y mettre le feu. Cette proposition fut unanimement accueillie, et, deux heures plus tard, il n'en restait pas plus de trace que de leurs conducteurs.

. . . .

Deux ans plus tard, pendant les vacances, je rencontrai François dans les champs ; il m'avait toujours témoigné une très grande confiance et un absolu dévouement parce que, en une circonstance délicate, je l'avais tiré d'un mauvais pas. Il me raconta avec force détails la scène tragique que je viens de rapporter. Cet homme aimait sa femme avec une passion dont on ne l'aurait jamais soupçonné, car on ne se serait pas imaginé qu'un tel rustre pût aimer avec une ardeur si grande. C'est par jalousie qu'il avait allumé cet auto-da-fé.

— Ah ! Monsieur, s'écriait-il en grimaçant

et en crispant les poings, j'aurais exterminé jusqu'au dernier Allemand si l'un d'eux avait déshonoré ma femme !...

Et, en terminant son récit :

— Oh ! quelle grillade ! Monsieur, quelle grillade !

Puis, avec une moue :

— Mais j'aime mieux sentir une grillade de cochon...

XII

UN RÉVEILLON

Qu'on ne se récrie point à ce titre ; nos populations picardes ont donné assez de preuves de leur patriotisme pour n'être pas accusées d'avoir seulement songé aux joyeuses boudinées des fêtes de Noël.

Mais nos envahisseurs, que leurs victoires rendaient insolents, n'ont pas laissé passer ce prétexte à « buveries et à mâqueries », suivant l'expression si pittoresque de l'un de mes compatriotes.

C'était dans un village de la vallée de la Luce, l'un des plus cruellement éprouvés pendant l'année maudite. Les premiers uhlans y avaient fait leur apparition le 22 novembre, et, depuis lors jusqu'au 22 décembre, il ne s'était guère écoulé de jours que les habitants n'eussent à loger les soldats de Guillaume ou ne fussent réquisitionnés par eux.

Et certes, ces porteurs de casques à pointe s'entendaient à merveille pour rançonner nos pauvres populations rurales, qu'ils saignaient à blanc.

Quand je me reporte par la pensée à trente ans en arrière, ce n'est pas sans émotion que je revois mes compatriotes — mais combien ont disparu depuis ! — supporter malaisément un joug qu'ils ne pouvaient secouer. Je les revois par la pensée hâves, décharnés, le teint blême, l'œil morne, la tête baissée, la démarche lente et pénible, se demandant s'ils verraient bientôt la cessation d'une occupation si ruineuse. Les jeunes femmes, flétries avant l'âge ; les mères surtout, celles dont les fils luttaient pour la défense nationale, faisaient peine à voir ; leur mise négligée, une alimentation insuffisante, leur aspect cadavérique les faisaient ressembler à des squelettes ambulants.

Je n'exagère rien et je ne crains point d'être démenti par mes contemporains. Il faut avoir vécu dans le voisinage des champs de bataille pour se faire une idée des horreurs qu'entraîne la guerre. J'étais placé aux premières loges pour être témoin d'un spectacle si lamentable : après le combat de Villers-Bretonneux, il nous fut donné d'entendre la canonnade de Pont-Noyelles, puis celle du siège de Péronne ; et, dans l'intervalle. nous étions réquisitionnés, rançonnés et pillés sans trêve ni merci.

Malgré les vaillants insuccès de l'armée du Nord, qui devait sans cesse battre en retraite après qu'elle avait infligé des pertes sérieuses à l'ennemi, nous conservions l'espoir d'apprendre enfin qu'une victoire mémorable chasserait de notre pays l'envahisseur qui le souillait.

Les bruits les plus invraisemblables circulaient avec la rapidité de la foudre. Un jour, l'on apprenait que l'armée de Frédéric-Charles avait été pulvérisée ; le lendemain, on annonçait que Guillaume et son féroce collaborateur, Bismarck, avaient été faits prisonniers à la suite d'une défaite sanglante; deux jours plus tard, on racontait d'après une prophétie qu'une nouvelle Jeanne d'Arc allait surgir, et qu'à son apparition les troupes allemandes s'enfuiraient de l'autre côté du Rhin. Les puissances surnaturelles ou divines étaient aussi mises en jeu : un ange exterminateur devait frapper de mort, en une nuit, tous les soldats du roi de Prusse, y compris ce dernier.

Et le vulgaire, doué d'une foi robuste, ajoutait la plus grande confiance dans tous les bruits dénués de vraisemblance qui circulaient journellement.

Voici un fait dont j'ai été témoin et que je garantis authentique.

Le mardi 20 décembre 1870, il arriva quatorze cents soldats allemands dans un village de la vallée de la Luce. On s'attendait à un combat dans le plus bref délai, car la vaillante petite armée de Faidherbe, qui s'était avancée jusqu'à Longueau le vendredi précédent, venait de s'établir sur les hauteurs de la rive droite de la Somme, non loin de la vallée de l'Hallue, qui fut adoptée pour la ligne de bataille. Corbie devint le quartier général.

Les soldats de Guillaume, que l'approche d'un combat rendaient furieux, se montrèrent dans toute l'horreur de leur caractère brutal. La population était terrifiée. Ces porteurs de casques à pointe, que la couardise rendaient féroces contre leurs hôtes, se montraient d'une exigence et d'une violence dont on a peine à se faire idée.

Or, quatre de ces pandoures logèrent chez le bedeau de la paroisse, appelé Laurent Gallois, gai compère qui avait toujours plus d'un tour dans son bissac. Pour se donner du montant et combattre leur venette, ils se versèrent de fréquentes rasades. Quand ils eurent absorbé le contenu de leur bouteille, ils se trouvèrent dans un complet état d'ivresse. C'est alors que l'un deux, avisant une pauvre vieille chatte en gésine sous l'escalier, prit plaisir à tourmenter l'animal. Ses trois compagnons prirent aussi part à cet amusement barbare. Toutefois, cet exercice ne fut pas de longue durée ; les quatre ivrognes tombèrent successivement sous les vapeurs du vin et se mirent bientôt à ronfler à qui mieux mieux.

Le vendredi suivant, les Prussiens quittaient le village, et, le même jour, était livré le combat qu'ils redoutaient. Vers onze heures du matin, la lutte s'engageait à Pont-Noyelles. Le feu ne cessa qu'à la nuit et nos troupes, qui bivouaquèrent sur le champ de bataille par un froid de 8 degrés, étaient prêtes à renouveler le feu le lendemain ; mais l'ennemi refusa de riposter aux attaques dont il fut l'objet ; il avait cependant reçu d'importants renforts.

Les Français se retirèrent alors dans leurs cantonnements ; il était deux heures de l'après-midi. C'était le samedi 24 décembre.

Les soldats prussiens qui nous avaient quittés la veille revinrent dans notre village et logèrent dans les mêmes maisons. Or, comme il était défendu de sonner les cloches dans les pays occupés par l'ennemi, le curé de la paroisse alla trouver le chef de l'état-major pour lui demander la levée de cette interdiction afin que la messe de minuit pût être annoncée par la volée ordinaire. Tout ce qu'il obtint c'est qu'il serait tinté quinze coups, pas un de plus.

Mais revenons à Laurent Gallois, le bedeau. Quand celui-ci eut reconnu dans ses hôtes les quatre bourreaux qui avaient martyrisé sa chatte, morte des suites des mauvais traitements dont elle avait été l'objet, il résolut de se venger. Il se retira dans son fournil et dépouilla prestement l'animal ; puis il fit une infusion d'herbes très purgatives qu'il avait recueillies pour son usage ; il introduisit cette infusion dans une bouteille qui contenait pour quelques sous d'eau-de-vie, et, prenant une pincée de café moulu, il l'étendit au-dessus d'un fort paquet de chicorée. Cette besogne accomplie, il revint dans sa maison et attendit quelques instants avant que de se rendre à l'église.

En le voyant, les Prussiens s'approchèrent

de lui et réclamèrent avec force jurons de la viande et de l'eau-de-vie pour faire le réveillon.

- Fleisch ! fleisch ! hurlaient-ils ; schnaps ! schnaps !

Laurent Gallois répondit sur un ton plaintif :

Nix fleisch ! nix schnaps !

Furieux, les quatre réveillonneurs bousculèrent brutalement leur hôte, et, pour s'en débarrasser, l'envoyèrent coucher.

— Aschlof ! aschlof ! criaient-ils en le poussant par les épaules. Tarteif ! aschlof ! Tarteif !

Le bedeau ne demandait pas mieux que de laisser seuls ces quatre butors. Il sortit pour se rendre à l'église, où l'appelait son service. Ce qu'il avait prédit se produisit pendant son absence.

Comme ils étaient les maîtres absolus et que tout leur appartenait, les soldats prussiens ne se privèrent pas de visiter la maison jusque dans tous ses recoins. L'un d'eux ayant découvert la chatte toute dépouillée, qu'il prit pour un lapin, l'apporta triomphalement à ses compagnons tout en gambadant et en poussant des cris de joie ; ils s'empressèrent de faire cuire ce gibier qu'ils mangèrent goûlument ; ils s'emparèrent ensuite de ce qu'ils croyaient être du café pur et le jetèrent dans une casserole d'eau bouillante ; ils vidèrent la bouteille d'eau-de-vie qui se trouvait dans l'armoire, et, lorsqu'ils se furent bien repus, ils se couchèrent à moitié ivres et tout habillés dans le lit de leur hôte.

Quand le bedeau rentra chez lui, il se frotta joyeusement les mains en constatant que sa ruse avait réussi. Il se blottit dans le coin de la cheminée et attendit les effets de la purgation énergique que s'étaient administrée ces quatre pandoures. Le jour allait paraître ; les dormeurs commencèrent à s'agiter sur leur couche ; ils se tordaient tout en articulant des grognements. Enfin, n'y tenant plus, ils durent se lever..... Mais, glissons... sans appuyer.

Lorsque le jour fut venu et que les quatre gourmands sortirent dans la cour, le premier objet qu'ils remarquèrent fut la peau du chat qu'ils avaient fait mourir et que Laurent Gallois avait accrochée au mur. Ils entrèrent dans une fureur atroce contre leur hôte, qui aurait passé un mauvais quart d'heure s'il n'avait eu la précaution de se mettre à l'abri de leur colère en se réfugiant chez l'un de ses amis.

XIII

ERREUR FATALE

Le lendemain de la bataille de Pont-Noyelles, un détachement de l'armée allemande recevait pour mission d'investir Péronne. Manteuffel tenait beaucoup à la possession de cette place, où il voulait établir son quartier général en vue de la réussite des opérations qu'il méditait.

Un régiment d'infanterie prussienne, commandé pour le blocus de Péronne, se mettait en marche dès le lendemain de la bataille de Pont-Noyelles; il devait arriver le soir du même jour dans un village situé à quelques kilomètres de Péronne pour y loger. Dix-huit lanciers ennemis envoyés en éclaireurs précédaient ce régiment, qui, je dois le dire, n'était composé que de maraudeurs sans vergogne.

Sur leur parcours, les lanciers se faisaient servir à boire dans tous les villages qu'ils traversaient; aussi, lorsque, vers midi, ils arrivèrent à X...., se trouvaient-ils dans un complet état d'ivresse; ils se dirigèrent vers la mairie, où ils s'installèrent et firent procéder au désarmement de la population. En attendant que tous les fusils leur fussent apportés, ils se firent servir à manger et à boire.

Une trentaine d'armes à feu, la plupart hors d'usage, furent successivement déposées entre les mains des hôtes temporaires de la mairie, qui les brisèrent pour en brûler ensuite les morceaux sur la place publique.

Cette besogne accomplie en conformité des instructions reçues, les lanciers montèrent à cheval pour aller exercer plus loin leur noble mission.

A la sortie du village, le chef de la bande se rappela qu'il avait omis de compter ses compagnons en montant en selle. Les ayant fait ranger sur le chemin, il constata qu'il lui manquait un homme.

C'était le brigadier Steinmann qui faisait défaut.

Rebroussant chemin, les dix-sept lanciers rentrèrent à bride abattue dans le village, gesticulant, hurlant, vociférant, réclamant leur camarade avec des menaces de repré sailles terribles s'ils ne le retrouvaient point : ils ne parlaient de rien moins que de livrer toutes les maisons au pillage, de passer tous les habitants mâles au fil de l'épée, et de mettre enfin le feu aux quatre coins du village.

Aussi aviné que ses hommes, le chef de cette bande ne songea pas un instant que le brigadier qui manquait à l'appel et dont le cheval paissait en liberté sur la place

7

publique pouvait cuver son vin dans quelque
coin.

Un rassemblement se forma bien vite
devant la porte de la mairie, où stationnaient
ces dix-sept forcenés. Les habitants étaient
consternés.

— Tarteiffe ! s'écriait le chef en écumant
de rage, l'un de vous a assassiné le brigadier
Steinmann ; si le coupable ne m'est pas
amené avant une heure, je vous ferai mas-
sacrer tous et je réduirai votre village en
cendres.

Une demi-heure s'était écoulée, et le manquant n'était pas retrouvé, et le prétendu
coupable ne se livrait point.

L'anxiété des assistants croissait de minute
en minute, en même temps qu'augmentait
la colère des Allemands.

Tout à coup, l'un de ceux qui formaient
le cercle autour de ces forcenés s'approcha
du chef et lui dit qu'il connaissait le
coupable.

— Conduis ces cinq hommes auprès de
lui pour qu'ils s'en saisissent, dit l'officier
en désignant un brigadier et quatre cavaliers.

Le dénonciateur dirigea la petite troupe
vers la maison d'école ; arrivé en face de la
porte, il dit :

— C'est là.

Les Allemands pénétrèrent dans la maison
suivis de celui qui les avait guidés.

Au même instant, l'instituteur rentrait
chez lui par la porte de son jardin, tenant

à la main une sarbacane dont il se servait pour effrayer les moineaux.

— C'est avec l'arme que vous lui voyez à la main, dit le dénonciateur, que cet homme vient de tuer votre compagnon.

L'instituteur, qui ne savait rien de ce qui venait de se passer, demeurait muet d'étonnement ; et, lorsqu'il voulut demander des explications, pour toute réponse, le brigadier le fit ligotter par ses hommes, qui le conduisirent à la mairie.

Le maire et tous les assistants manifestèrent leur surprise à cette vue. Mais le chef prussien, leur imposant silence, s'avança vers l'instituteur, et, d'un air furieux, le menaçant du poing, il lui dit :

— Tarteiffe ! c'est vous, mauvais chien, qui avez tué mon brigadier ?

— J'ignore ce que vous voulez me dire...

— Tu as menti, misérable ! Je vais te faire passer par les armes.

Le maire et les notables présents implorèrent la clémence de ce barbare et plaidèrent l'innocence de l'accusé. Mais rien ne put fléchir l'officier prussien dont le courroux paraissait être arrivé au paroxysme.

En ce moment, une jeune fille, qui, depuis un moment, avait soulevé un coin du rideau à une fenêtre de la maison d'en face pour considérer la scène qui se déroulait à la porte de la mairie, sortit précipitamment et vint s'enquérir de ce qui se passait. Le maire ayant tourné la tête reconnut sa fille ; il évita de répondre à sa question et s'efforça de la faire rentrer à la maison. Mais, ayant le pressentiment qu'un funeste événement se préparait, elle désobéit, — peut-être pour la première fois, — à son vénérable père, dont la figure était en ce moment aussi blanche que ses cheveux.

L'adjoint, auquel s'adressa ensuite la jeune fille, la mit au courant en deux mots. Alors l'enfant s'avança vers l'officier prussien, et, se précipitant à ses genoux, elle dit en se tordant les bras et en comprimant un sanglot :

- Grâce ! grâce pour mon fiancé !

Elle ne put en dire davantage.

Cette scène remua jusqu'au fond des entrailles tous les gens du village qui en étaient témoins, et leurs paupières se mouillèrent.

Mais les soldats prussiens, à commencer par la brute galonnée qui les commandait, ricanaient et insultaient à la douleur de cette pauvre jeune fille.

Avec un cynisme révoltant, le chef dit tout haut en faisant claquer sa langue :

— Tarteiffe ! le beau couple qu'auraient fait ces deux jeunes gens !

Puis, s'adressant à la jeune fille qui venait de se relever mue comme par un ressort et qui offrait l'image de la statue du désespoir, il lui dit :

— Embrassez votre amoureux, la belle enfant, car, dans cinq minutes, il aura cessé de vivre.

Une dernière tentative fut faite par le

maire, qui fit remarquer que le corps du manquant n'étant point découvert, il pouvait bien se faire que ce soldat fût endormi dans quelque coin ou ne se fût égaré.

Entêté comme un homme ivre, l'officier allemand ne voulut rien entendre. Ayant donné des ordres pour la formation du peloton d'exécution, douze hommes s'approchèrent de l'instituteur et le conduisirent quelques pas plus loin dans un terrain vague. L'ayant adossé au pignon d'une grange, l'un d'eux lui banda les yeux avec un mouchoir.

La jeune fille avait voulu s'élancer sur les pas de son fiancé et mourir avec lui ; mais dix bras vigoureux l'arrêtèrent ; elle se débattait violemment et suppliait ceux qui la retenaient de lui accorder sa liberté, mais ce fut en vain. Elle adressa alors des adieux déchirants à son fiancé. Celui-ci, dès qu'il eut entendu le premier commandement donné à ses douze bourreaux, s'écria d'une voix forte :

— Je t'aime, Marie ! Adieu ! ..

Au même instant, un feu de peloton se faisait entendre et l'empêchait de continuer.

Deux corps s'abattaient en même temps sur le sol : celui du malheureux instituteur et celui de sa fiancée, qui tombait évanouie,

Par contre, le bruit de la détonation avait fait lever le brigadier Steinmann, qui cuvait son vin dix pas plus loin au pied de la haie. A la vue de cet ivrogne, pour lequel un innocent venait d'être fusillé, ses com-

pagnons et lui-même s'empressèrent de sauter en selle et de déguerpir au plus vite sous les huées et les malédictions de toute la population. L'auteur de ce crime, — le domestique du maire, — partit avec eux ; il craignait avec juste raison qu'il ne lui fût fait un mauvais parti. Mais il ne tarda pas à recevoir la punition de sa mauvaise action.

Comme les cavaliers prussiens avaient lancé leurs montures au galop, leur complice se mit à courir de toute la vitesse de ses jambes. Deux cents mètres plus loin, les Allemands ralentirent leur course, pour l'excellente raison qu'ils étaient à peu près tous incapables de diriger convenablement leurs chevaux. En cet instant, deux de ces bêtes s'étant heurtées se mirent à ruer aussitôt. Le domestique arriva juste pour recevoir l'une de ces ruades qu'il n'avait point prévue ; atteint en pleine poitrine, il fut renversé sur le dos ; un énorme flot de sang jaillit de sa bouche. Mais les cavaliers continuèrent leur course sans s'occuper de lui ; il vécut encore deux heures, et personne ne lui porta secours. Son cadavre demeura pendant vingt-quatre heures à l'endroit où il était tombé. C'est le lendemain que d'autres soldats prussiens le relevèrent et l'emportèrent pour l'inhumer le diable sait où.

On eut plus tard connaissance que ce misérable avait été poussé à commettre sa mauvaise action par un sentiment de jalousie. Il aimait en secret la fille de son maître, et c'est pour se débarrasser d'un rival dangereux qu'il avait dénoncé l'instituteur.

Ce scélérat, n'omettons point de le dire, était étranger au pays : c'était un Belge ; on ne le désignait que sous le sobriquet de sa nationalité : on l'appelait *Eche Belge*.

Quant à l'infortunée Marie, l'on constata avec épouvante, lorsqu'elle fut revenue de son évanouissement, qu'elle avait perdu la raison. La pauvre démente ne faisait qu'appeler son fiancé, auquel elle adressait des adieux incohérents. Insensiblement, sa démence s'aggrava ; cette jeune fille, qui avait été si douce jusqu'alors, devint méchante. On dut la faire entrer dans une maison de santé, où elle mourut trois ans après.

Son malheureux père, qui n'avait d'affection que pour elle, ne lui survécut pas longtemps. Il mourut en maudissant la guerre, qui n'enlève pas que les fils à leurs parents, mais qui leur prend aussi leurs filles.

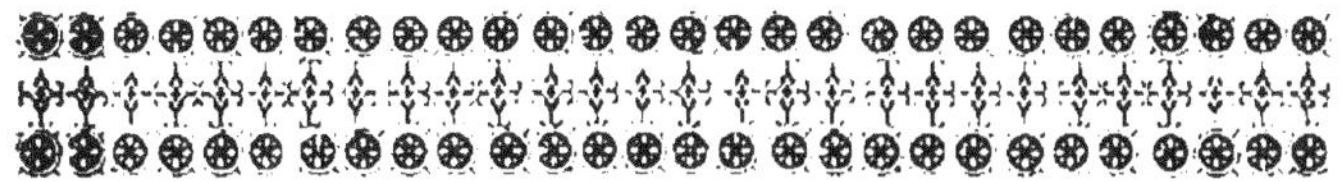

XIV

SAUVETAGE

Avant que les Prussiens ne fussent entrés dans le département de la Somme, les journaux nous apportaient quotidiennement le récit de leurs hauts faits dans les départements envahis; ils nous faisaient aussi connaître les nombreux tours que leur jouèrent les paysans, les niches qu'ils leur firent et les piéges qu'ils leur tendirent.

Une bonne femme de Courcelles réédita une farce à laquelle se sont maintes fois laissé prendre les Teutons, d'esprit lourd et épais.

Après la bataille de Pont-Noyelles, des soldats prussiens furent désignés pour aller loger à Courcelles. Le fourrier se présenta d'abord, et, avec une pierre rouge, il marqua sur chaque porte le nombre d'hommes que les habitants auraient à héberger.

La veuve Pacôme, sorte de virago d'une soixantaine d'années, — dont le fils, fait prisonnier à Metz, était en captivité dans le fin fond de la Prusse, — ouvrit sa porte pour savoir combien elle aurait de soldats à recevoir : elle devait loger six hommes.

Cette pauvre femme, à peu près complètement dénuée de tout, ne possédait plus un morceau de lard dans son saloir. Mais elle avait prévenu, pour ce jour même, le tueur de porcs, qui arriva un moment après le passage du fourrier.

La veuve Pacôme fit connaître en deux mots au tueur de porcs l'idée qui venait de lui traverser l'esprit. Sans perdre un instant, elle se rendit dans l'étable avec l'homme ; l'animal fut saisi, et, en un clin d'œil, il passa de vie à trépas.

Pour soustraire son porc à la convoitise des soldats de Guillaume, la mère Pacôme le porta aussitôt dans son lit ; elle le recouvrit soigneusement avec le drap et la courte-pointe, plaça son bonnet de nuit sur le groin de l'animal, ferma les volets, alluma une chandelle et déposa une assiette avec de l'eau et une branche de buis sur une chaise qu'elle plaça près du lit ; puis, prenant un morceau de charbon de bois dans la cheminée, elle traça une grande croix sur le côté extérieur de la porte de sa maison.

Il était temps.

A peine avait-elle refermé la porte, que six soldats prussiens faisaient irruption chez elle. Apercevant par la porte de la chambre demeurée toute grande ouverte leur hôtesse à genoux près du lit, les Allemands demandèrent en tremblant :

— *Capout ? Capout ?*

— *Ya! Ya!* répondit la mère Pacôme.

Et, par gestes, elle leur fit comprendre que le mort avait été emporté par la petite vérole, car elle savait que cette maladie effrayait les soldats prussiens.

Au même moment, le tueur de porcs se mit à frapper des coups de marteau retentissants sur une planche, pour faire croire qu'il était occupé à préparer le cercueil du défunt.

Pris de peur, les soldats s'esquivèrent avec la plus grande précipitation.

Une fois encore, la mystification dont leurs compatriotes furent si souvent victimes venait d'être couronnée du même succès.

XV

INNOCENTE VICTIME

ENDANT le blocus de la vaillante petite ville de Péronne, qui dura du 28 décembre 1870 au 10 janvier suivant, un régiment prussien vint prendre ses quartiers au village de Z..., situé à une dizaine de kilomètres de la place assiégée.

Le presbytère étant la demeure la plus spacieuse et la mieux aménagée, le colonel y établit son logement.

Cet officier, grand, maigre, le nez crochu, bilieux, rogue, brutal, âgé d'une cinquantaine d'années, avait les qualités et surtout les défauts des chefs de routiers du moyen âge. Il s'empara de tous les appartements du presbytère, laissant seulement le fournil au curé et à sa vieille domestique ; celle-ci n'eut d'autre ressource que de coucher sur la paille dans une étable.

Le colonel, qui était protestant, prenait un malin plaisir, — surtout lorsqu'il était ivre, — à persécuter le vénérable ecclésiastique chez lequel il logeait ; ses subordonnés et même sa valetaille, renchérissant encore,

rendaient la vie insupportable au bon curé,
qui prenait tout en patience sans jamais se
plaindre.

C'était chaque jour des outrages nouveaux et des injures grossières, dont le récit
serait des plus répugnant à lire. Toutes les
fois que ce digne prêtre était attaqué dans
sa personne, il se gardait bien de riposter ;
mais, lorsqu'il s'agissait de ses croyances,
il tenait tête victorieusement à ses insul-
teurs, qu'ils fussent gradés ou non ; dans
ces circonstances, il parlait avec la rare
éloquence que donne la foi d'un véritable
apôtre.

Le colonel ne pouvait guère suivre son
adversaire sur un semblable terrain ; bientôt
à bout d'arguments, il répliquait par une
grossièreté ou une brutalité de la vie des
camps, qui faisait fuir aussitôt le vertueux
prêtre ; sa fuite était accompagnée des
ricanements et des huées d'une soldatesque
toujours avinée.

Les multiples et dures épreuves auxquelles était continuellement soumis le bon
curé depuis l'arrivée de ses hôtes ne lui
laissaient ni trêve ni repos. D'une santé
délicate, son état ne fit qu'empirer à côté
d'un tel voisinage. A chaque instant, il se
heurtait à un obstacle inattendu pour l'exercice du culte ; tantôt, le vin avait disparu
de la burette ; le lendemain, les ornements
sacerdotaux avaient été enlevés de la
sacristie ; une autre fois, il ne pouvait
pénétrer dans l'église, le verrou de la porte

ayant été poussé à l'intérieur ; deux jours après, il constatait avec horreur que l'autel avait été souillé. A la vue de chacune de ces profanations, le bon curé répé'ait la parole du Christ : « Pardonnez-leur, Seigneur, car ils ne savent ce qu'ils font. »

Un jour, le colonel, qui paraissait être revenu à de meilleurs sentiments, alla rendre visite au curé dans son fournil ; par exception, il se montra correct, tout à fait convenable. Il invita son hôte à venir dîner avec lui le lendemain, qui était un vendredi.

Le curé aurait dû se méfier, car ce changement d'attitude devait cacher un piège ; mais le brave homme n'entendait point malice ; il accepta. A l'heure fixée, il se présentait chez son hôte, où déjà se trouvait nombreuse compagnie : des officiers et des dames dont la mise était pour le moins excentrique.

L'amphitryon fit les présentations ; le brave curé ne retint certainement pas un seul nom, et il lui aurait été tout à fait impossible de prononcer même le plus court sans l'écorcher ; pour la partie féminine, il constata qu'il y avait des comtesses, des marquises et même peut-être une duchesse. Noblesse de contrebande, sans nul doute, ramassée pour la circonstance dans le ruisseau, car la tenue de ces soi-disant grandes dames laissait beaucoup à désirer.

Tous les invités étant arrivés, l'on se mit à table. Le curé avait été placé entre deux jeunes personnes aux yeux brillants, aux lèvres charnues, dont tout l'être ne respirait que la plus abjecte sensualité ; fort heureusement pour leur voisin qu'elles ne savaient pas un seul mot de français, car ses chastes oreilles auraient été mises à une rude épreuve. Elles paraissaient avoir reçu pour mission de faire manger et surtout de faire boire le vénérable ecclésiastique. Ce dernier songea tout aussitôt que l'amphitryon pourrait bien être le diable venu exprès sur la terre pour renouveler à son sujet la tentation dont saint Antoine fut l'objet.

On passa le premier plat : c'était de la viande ; le curé s'abstint d'y toucher, et parut s'absorber dans la contemplation de son assiette, pour éviter de voir les autres convives bâfrer comme des goinfres à la mode teutonne. Le second plat était encore un plat de viande, que le prêtre laissa également passer ; s'il eût relevé les yeux, il aurait pu remarquer que tous les regards étaient fixés sur lui, et que le colonel croquait sa moustache, ce qui annonçait une prochaine explosion de colère.

On passa le troisième plat : c'était encore et toujours de la viande.

— Eh bien, curé, dit l'amphitryon en fronçant le sourcil, vous ne mangez donc pas ?

— Non, colonel.

— Pourquoi ?

— Parce que l'Eglise, dont je suis l'un des ministres, défend l'usage des aliments gras le vendredi.

— Mangez donc, curé ; je prends tout pour mon compte.

— Je n'en ferai rien.

— Je vous répète que vous pouvez mettre ce péché sur ma conscience.

— Elle est déjà trop chargée, répliqua le prêtre sur un ton ferme.

Cette réponse quelque peu hardie mit le feu aux poudres. Le colonel, qui se contenait depuis un moment, devint soudain furieux ; il s'empara d'une carafe et fit le geste de la lancer à la tête de son invité ; mais, se ravisant aussitôt, il s'adressa en allemand aux deux voisines du curé ; tous les convives éclatèrent en de gros rires prolongés.

Obéissant à l'ordre reçu, l'une des femmes s'empara vivement des mains du curé pour paralyser ses mouvements tandis que l'autre femme, prenant avec les doigts un morceau de viande dans son assiette, l'introduisit de force dans la bouche de son voisin.

Et tout le monde de s'esclaffer de plus belle.

Se levant aussitôt de sa chaise, le digne ecclésiastique cracha le morceau de viande sur le parquet, et, prenant la porte, il se réfugia dans son fournil, où il se barricada.

L'orgie dont il avait vu les débuts ne tarda point à arriver à son comble. Tous les bruits lui en arrivaient distinctement.

Quand, fort avant dans la soirée, les convives, vaincus par l'ivresse, roulèrent sous la table et que le silence fut complet, le curé se mit au lit avec une forte fièvre.

Il ne devait plus se relever. Les émotions, les scènes violentes dont il avait été l'objet pendant huit jours, avaient aggravé l'état de santé du vénérable ecclésiastique : quelques semaines plus tard, il s'éteignait en pardonnant à ses ennemis et à ses bourreaux.

Les Allemands avaient fait une innocente victime de plus.

XVI

INGRATITUDE PUNIE

APRÈS sa reconstitution par le général Faidherbe, l'armée du Nord livrait son premier combat à Querrieu le jeudi 22 décembre et sa première bataille à Pont-Noyelles le lendemain.

La lutte fut acharnée de part et d'autre ; nos soldats, dénués de tout, mal vêtus, mal nourris, déployèrent un courage vraiment admirable et digne d'un meilleur sort. Quand le soir mit fin au combat, les champs, les rues du village étaient jonchés de cadavres.

Nos troupes couchèrent sur leurs positions. Mais qui dira les horribles souffrances de ces pauvres jeunes gens bivouaquant dans la plaine sur la neige, par une nuit glaciale ? Pour tout aliment, ils avaient du pain gelé ; ils étaient privés de feu, faute de bois, et cependant le thermomètre était descendu à 8 degrés au-dessous de zéro.

Bien que la bataille de Pont-Noyelles fût un succès pour les nôtres, l'armée du Nord dut battre en retraite dès le lendemain pour prendre ses cantonnements.

8

Les Prussiens, maîtres du champ de bataille, firent ramasser les morts et les blessés. Les habitants du village et ceux des pays environnants furent requis par eux pour l'inhumation des cadavres et pour le transport des blessés. Puis ils firent recueillir les armes, les munitions, les casques et les effets qui couvraient le sol.

L'un des conducteurs employés par les Allemands à cette besogne était à leur service journalier depuis près de quatre semaines. Il avait été requis par eux dans un village de la vallée de la Luce le 27 novembre précédent avec sa voiture et ses deux chevaux pour ramasser leurs blessés sur le champ de bataille de Villers-Bretonneux. Depuis cette époque, ce malheureux n'avait jamais pu obtenir d'être relâché, et l'étroite surveillance dont il était incessamment l'objet ne lui permit pas de s'échapper.

Chargé du transport à des distances souvent trop éloignées des réquisitions de toute nature que les Allemands s'entendaient merveilleusement à pratiquer, il conduisait du pain dans une localité, en ramenait de l'avoine, pour transporter ailleurs, tantôt des moutons, tantôt le produit du pillage et des rapines de nos ennemis. A chaque fois qu'il revenait dans les cantonnements prussiens, il espérait voir la fin de son supplice. Vaine espérance! Aux deux porteurs de casques à pointe qui l'avaient accompagné dans son dernier voyage succédaient deux autres soldats prussiens, qui l'emmenaient dans une direction nouvelle.

Depuis qu'il avait quitté sa maison, ce pauvre charretier n'avait pu faire parvenir de ses nouvelles à sa famil'e éplorée, qui le faisait rechercher dans toutes les directions.

Un jour, — c'était la veille de la bataille de Pont-Noyelles, — un de ses compatriotes fut requis pour conduire une voiture de vivres aux Allemands, qui avaient établi un camp non loin de ce village. l'ar un étrange hasard, il aperçut à quelques pas de lui le charretier de son pays, que l'on croyait mort depuis quatre semaines. Mais dans quel état se trouvait-il, grand Dieu !

Le teint terreux, le visage décharné, les yeux démesurément ouverts dans leurs orbites profondément creusés, couvert de vêtements en lambeaux, ce malheureux était accroupi derrière une rangée de soldats qui se chauffaient à un tas de fagots ; dès qu'il tentait de s'avancer, dix poings se levaient sur lui et une formidable bourrade l'envoyait rouler sur le sol couvert de neige.

— Arrière ! chien de Franchousse ! Toi, capout ! clamaient ces braves, que la crainte d'une bataille prochaine rendait plus furieux que d'habitude.

Et cet homme, se relevant péniblement, essayait de grignoter un mauvais morceau de pain gelé qu'il tenait difficilement dans ses mains bleuies et gonflées par le froid.

Son compatriote s'approcha de lui ; l'autre, le reconnaissant et voyant sur sa figure l'effroi qu'il n'avait pu dissimuler, lui dit d'une voix à peine intelligible :

— On me croit mort chez nous, sans doute. Je n'en vaux guère mieux. Tous les jours, depuis qu'ils m'ont enlevé, je suis employé au transport des réquisitions de ces monstres, qui me brutalisent continuellement et qui ne me donnent même pas à manger. J'ai toujours couché à la belle étoile. J'ai les pieds gelés ; je n'ai plus la force de me traîner .. Mais dis-moi ce que fait ma femme, ce qu'est devenu mon fils...

En cet instant, deux de ses bourreaux, entendant causer derrière eux, se retournèrent et, s'étant levés, frappèrent à coups de crosse le nouveau venu en hurlant :

— Fourth ! fourth ! sale chien de Franchousse !

L'interpellé s'esquiva au plus tôt après cette sommation brutale, accompagné de coups de bottes et de coups de crosses.

Au revoir, André, je vais porter de tes nouvelles aux tiens.

Et le lendemain, l'infortuné André repartait avec sa voiture pour ramener le produit des réquisitions teutonnes. Son état inspirait une réelle pitié, et il fallait qu'il eût l'âme bien chevillée au corps pour pouvoir exister encore.

Le jeudi 22 décembre, une escarmouche avait lieu à Querrieu ; c'était le prélude de la sanglante bataille qui devait s'engager le lendemain. Le combat cessa avant le jour ; les Prussiens ramassèrent d'abord leurs blessés, qu'ils firent transporter dans diverses ambulances aux environs ; ils enterrèrent ensuite leurs morts, qui étaient nombreux : puis ils recueillirent les sabres, les fusils, les casques et autres effets qui jonchaient le champ de bataille et ils en chargèrent plusieurs voitures, entre autres celle d'André, qu'ils dirigèrent précisément dans le village de ce dernier, où un régiment prussien allait loger. Cette fois, il ne fut plus donné d'escorte au conducteur.

André allait voir enfin cesser tous ses maux, toutes ses tribulations. Il se trouvait seul alors et il allait mettre ses chevaux en marche lorsqu'il crut entendre des gémissements, des plaintes étouffées à quelque distance de lui. Il se dirigea vers une haie, au pied de laquelle il apercevait une masse noire sur la neige ; il se baissa, c'était un soldat blessé, qui lui dit en bon français :

— Sauvez-moi ! Donnez-moi à boire, j'ai soif !

André retourna à sa voiture, y prit un des bidons qu'elle contenait et versa à boire au blessé qu'il croyait être un soldat français. Quand celui-ci eut repris un peu de forces, André étendit dans sa voiture les manteaux et les tuniques qu'on y avait jetés, et, prenant avec d'infinies précautions le soldat blessé, il le déposa sur ce lit improvisé ; pour garantir l'homme du froid, il le couvrit avec d'autres manteaux.

Les Allemands avaient remis un laissez-passer à André ; celui-ci s'étant assuré qu'il avait cette pièce, allongea un coup de fouet à ses chevaux et leur fit prendre la direction de son village. Il était deux heures du matin et il avait quatre lieues à faire ; à cause du blessé, les chevaux ne pouvaient aller qu'au pas.

André marchait péniblement à côté de son attelage ; le froid redoublait d'intensité; un vent âpre lui cinglait la figure ; la neige, durcie par la gelée, craquait sous les pas de ses chevaux et sous les roues de sa voiture. Seul, sous un ciel clair constellé d'une myriade d'étoiles qui scintillaient comme dans les nuits de gelée rigoureuse, il se livrait à d'amères réflexions sur les conséquences de la guerre, dont il était l'une des nombreuses victimes. Depuis près de quatre semaines qu'il avait quitté son village y retrouverait il encore tous les siens ? Et son fils, appelé comme mobilisé dans l'armée de Faidherbe, était-il encore de ce monde ? Son voisin n'avait pu le renseigner. Il interrompait de temps en temps ses réflexions et arrêtait son attelage pour examiner le blessé, qui demeurait dans un état constant d'assoupissement.

Il était près de six heures du matin lorsqu'il arriva aux premières maisons du village, où un poste était venu y loger après la bataille de Pont-Noyelles. Il montra son laissez-passer au chef du poste, qui lui donna l'ordre d'aller remettre à la mairie le contenu de sa voiture.

André se dirigea vers sa maison. A sa

vue, sa femme et sa fille, qui désespéraient
de le revoir jamais, se jetèrent dans ses
bras et l'embrassèrent en sanglotant. Lorsqu'il put parler, il demanda des nouvelles
de son fils ; il lui fut répondu qu'il faisait
partie de l'armée de Faidherbe comme mobilisé, et qu'il devait être en garnison à
Péronne.

Après qu'il eut raconté brièvement aux
siens toutes ses tribulations depuis son
départ, André, aidé de sa femme, descendit
le blessé, qu'il transporta sur le lit de son
fils. Il s'aperçut que c'était un soldat prussien.
Quoi qu'il en fût, la blessure qu'il portait
n'était pas grave ; il avait reçu sur la cuisse
gauche un coup de baïonnette qui l'avait fort
affaibli par une perte considérable de sang.
Ce n'était qu'une affaire de quelques jours
pour qu'il fût sur pied.

A neuf heures, André se rendit à la mairie
pour y déposer les armes, les munitions et
les habits qu'il avait ramenés. Sans se rendre
compte de ce qu'il faisait, il avait conservé
pour le blessé prussien qui allait être soigné
chez lui un képi et une capote provenant
d'un soldat français.

Trois jours plus tard, on entendait le
canon gronder dans la direction de Péronne.
Etait-ce une nouvelle bataille engagée par
la vaillante petite armée de Faidherbe ?
C'étaient les Prussiens qui assiégeaient
Péronne la Pucelle, ainsi qu'on ne tarda
point à le savoir par deux mobilisés du village qui avaient pu s'échapper.

La garnison française de Péronne avait établi plusieurs manutentions dans les villages voisins. Après la prise par les ennemis d'un convoi de pain venant d'Albert, l'une de ces boulangeries avait été installée à Belloy-en-Santerre. Dès que les communications eurent été interrompues à la suite de l'investissement de Péronne, qui eut lieu le 27 décembre, les mobilisés occupés à la boulangerie de Belloy ne pouvant plus fabriquer de pain pour la garnison de Péronne, prirent le parti de réintégrer leurs foyers. C'est ainsi que le fils d'André et l'un de ses compatriotes arrivèrent chez eux dans la nuit du 27 au 28 décembre, vers deux heures du matin.

Ce n'était pas sans dangers que ces deux jeunes gens avaient parcouru un espace de dix lieues à travers le haut Santerre, qui était occupé par de nombreuses troupes ennemies. Ils avaient commis l'imprudence de conserver leur pantalon de velours portant attaché sur la couture un passement rouge ; il est vrai qu'ils avaient passé par-dessus un pantalon de coutil ; des âmes charitables leur avaient donné des blouses et des casquettes. Fort heureusement, ils purent rentrer chez eux sans avoir été inquiétés. Mais il était temps ; ils se trouvaient à bout de forces. La peur les avait talonnés pendant toute leur course à travers champs et à travers bois, car on leur avait fait le récit des atrocités commises dans le haut Santerre par des ennemis qui n'avaient rien de généreux et que la victoire semblait rendre plus féroces.

Le lendemain, le blessé prussien qui devait la vie à André se leva ; il revêtit, tout en maugréant, la capote du soldat français qui se trouvait sur son lit, et se couvrit la tête d'un képi de sergent ; il n'avait pas le choix ; force lui fut bien d'en prendre son parti pour se garantir du froid, qui continuait d'être vif. En pénétrant dans la cuisine, il se fit servir un copieux repas par la femme d'André ; il mangea comme un Teuton et but comme un Polonais. Aussi, lorsqu'il eut ingurgité une quantité d'aliments qui aurait suffi à quatre personnes était il dans un complet état d'ébriété. Sa face était devenue luisante et enflammée ; ses yeux, sortant de leurs orbites, étaient injectés de sang. Tout à coup, son regard se porta sur le pantalon de mobilisé du fils d'André, qui était accroché à une patère. Se levant comme un furibond, il marcha droit sur la femme d'André, et, lui montrant le pantalon :

— Franc-tireur ? hurla-t-il. Capout ! Capout !

La pauvre femme, plus morte que vive, essaya de donner des explications à ce forcené que la vue du passement rouge rendait furieux. Vaines tentatives. Il hurlait de nouveau :

— Capout ! Capout !

A ses cris, André et son fils se précipitèrent dans la cuisine. Le Prussien, dont la rage était au paroxysme, s'élança sur le fils d'André, disant :

— Franc-tireur ? Capout ! Capout !

Les deux hommes s'efforcèrent aussi de lui faire entendre raison. Rien n'y fit. S'emparant aussitôt de son fusil, qui, fort heureusement, n'était point chargé, le Prussien mit en joue le fils d'André. Celui-ci, ne pouvant croire à une telle ingratitude de la part d'un être humain civilisé, sentit son sang bouillonner ; mais il eut assez de présence d'esprit pour demeurer maître de lui-même. Aidé de son père et de sa mère, il eut vite raison de ce digne soldat de Guillaume. Mais, en redoutant des représailles qui n'auraient pas tardé à se manifester, il ne voulut point exposer tout un village aux fureurs teutonnes ; il préféra la fuite. Se dirigeant vers la porte, il l'ouvrit précipitamment et se trouva dans la rue. Ne voulant compromettre aucun de ses compatriotes en allant demander asile à l'un d'eux, il s'élança dans la prairie.

Le soldat prussien se mit à la poursuite du fils d'André ; mais, embarrassé par les pans de sa capote, il eut bien vite perdu de vue le fuyard, d'autant que ce dernier avait pu se cacher, à la faveur des roseaux, dans une hutte d'où il voyait tous les mouvements de celui qui lui donnait la chasse.

Après qu'il eut battu en tous sens la vallée sans aucun résultat, le Prussien rentrait bredouille dans le village, tenant son fusil à la main. Tout à coup, il entendit le pas de chevaux galopant sur la route à une faible distance de l'endroit où il se trouvait ; il gravit un petit tertre au pied duquel se voyait une large et profonde pièce d'eau où l'on avait extrait autrefois de la tourbe. De ce poste d'observation, il aperçut quatre ou cinq hussards prussiens envoyés sans doute à l'armée d'investissement de Péronne par ordre du général. Il attendit que ces cavaliers fussent arrivés au tournant de la route pour les appeler et leur demander de lui prêter main forte dans les recherches du fuyard.

Le bruit du galop des chevaux ne permit point aux hussards d'entendre les appels de leur compatriote. Mais le dernier cavalier ayant tourné machinalement la tête du côté de la prairie, aperçut ce militaire, qu'il prit pour un soldat français. Arrêtant sa monture, il épaula et fit feu, puis il reprit le galop pour rejoindre ses camarades auxquels il raconta ce qu'il venait de faire. La frayeur s'empara d'eux ; ils traversèrent le village à bride abattue, et donnèrent l'alarme en passant au poste prussien qui se trouvait à l'extrémité de la rue.

Le fils d'André, qui, de la hutte où il s'était caché n'avait perdu aucun des détails de cette scène, vit tomber le Prussien et attendit que les hussards fussent éloignés pour aller s'assurer de la mort de son ennemi. Il s'élança sur le tertre où gisait sans mouvement au milieu d'une mare de sang l'ingrat Teuton ; sa capote était trouée un peu au-dessous du cœur. En le poussant du pied comme on le fait pour un être malfaisant, le fils d'André vit l'homme ouvrir ses yeux et le regarder tout en poussant un profond soupir. Il était mort.

Redoutant que ce soldat ne fût reconnu par les siens, le fils d'André lui enleva sa capote, qu'il déposa près du képi, puis il poussa le cadavre jusqu'à la crête du talus du tertre et le fit rouler dans l'entaille ; le poids du corps brisa la glace, et on ne vit plus rien.

Le fils d'André rentra chez ses parents et leur raconta la fin du misérable qui voulait le tuer. Ils se promirent tous de ne souffler mot à âme qui vive de ce qui venait de se passer, redoutant que le village ne devînt la victime de la vengeance de ces féroces Allemands.

Mais leurs craintes furent vaines. Les habitants ne furent nullement inquiétés ; le soldat prussien sauvé par André avait été considéré comme tué sur le champ de bataille de Pont-Noyelles. Ensuite, lorsque, le lendemain, les soldats du poste se rendirent sur le tertre et qu'ils virent un képi et une capote ayant appartenu à un militaire français, ils dansèrent une ronde infernale en cet endroit, et l'affaire en demeura là.

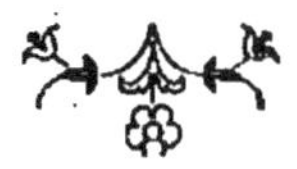

XVII

REPRÉSAILLES

(1er JANVIER 1871).

APRÈS la bataille de Pont-Noyelles, l'armée du Nord s'établit entre Arras et Douai pour prendre quelques jours de repos.

Les ennemis, dans leurs bulletins, annonçaient triomphalement que les Français, poursuivis par eux, battaient en retraite sur la Scarpe.

La vérité est que Mânteuffel n'osait point s'aventurer à la suite de Faidherbe, et qu'il se borna simplement à envoyer quelques éclaireurs chargés de reconnaître les positions de l'armée du Nord.

Voyant que l'ennemi se tenait sur une prudente réserve, Faidherbe résolut de s'avancer vers lui, d'autant qu'il voulait retarder sinon empêcher la prise de Péronne.

Le 31 décembre, l'armée du Nord se mettait en mouvement, et, le 1er janvier, elle s'établissait en avant d'Arras.

Un engagement avait lieu le lendemain à Achiet-le-Grand, et le surlendemain, aux

environs de Bapaume. La lutte fut meurtrière : l'armée du Nord paya chèrement sa
victoire ; ses pertes s'élevèrent à 183 tués
et 1,136 blessés ; les Allemands comptèrent
128 tués et 702 blessés.

Avant ces deux engagements, le général
en chef des forces allemandes avait dû
modifier la disposition de ses troupes à la
suite des renseignements qu'il devait à ses
éclaireurs et à ses espions ; le rôle de ces
derniers, fait observer M. Pierre Lehaut-
court, a été singulièrement exagéré. On
voyait partout des espions, et cependant les
Allemands furent beaucoup moins bien renseignés qu'on ne l'a cru pendant toute la
durée de la campagne du Nord. C'est encore
une légende dont il convient de faire justice.

Lors du mouvement de troupes qui pré-
céda l'engagement d'Achiet, trois éclaireurs
prussiens, quatre-vingt-dix cuirassiers et
soixante fantassins du 69° de ligne s'avancèrent jusqu'à Frévent pour y faire halte.
C'était le 1er janvier, vers midi. Les trois
éclaireurs seuls entrèrent dans le bourg et
se rendirent à l'hôtel de ville pour annoncer
le détachement et fixer le nombre des
rations. Cette formalité accomplie, deux des
éclaireurs firent choix de leur logement,
tandis que le troisième, muni d'un morceau
de craie, se mit en devoir d'inscrire sur la
porte des maisons le nombre d'hommes et
de chevaux que les habitants devaient
héberger.

Le Prussien commença cette opération

par la rue de Cercamps. Un nommé Edmond Fleury, dit Romain, charretier, employé au transport du charbon pour les usines, se trouvait dans un café de la même rue tenu par un facteur rural.

Apercevant le cavalier allemand, Romain, qui était taillé en hercule, et doué d'une force prodigieuse, sort précipitamment, fonce sur le Prussien et tente de s'emparer de son sabre, qui finit par glisser sur le sol. Romain s'en empare, et, soulevant la cuirasse du soldat, il lui enfonce à deux reprises son sabre dans le corps.

Le cuirassier s'enfuit vers la place publique en perdant son sang, qui tache la neige durcie par la gelée. Son agresseur le poursuit dans les rues. En face de la ruelle Belguise, qui aboutit à la brasserie de M. Cappe de Baillon, le cavalier hésite à prendre cette voie ; remarquant qu'elle est sans issue, il continue sa course jusqu'à la rue du Pont, où il tombe, épuisé. On s'empresse autour de lui. Romain, le croyant mort, ou à peu près, demande l'aide de quelques-uns des assistants, et, s'emparant du corps inerte du Prussien, ils le lancent dans la rivière au-dessus du garde corps du pont de Saint-Vaast.

Ce tragique événement venait de s'accomplir lorsque le détachement prussien fit son entrée dans le bourg. Le secret en fut gardé par les acteurs et les témoins.

Au moment du départ seulement, le colonel constata qu'il manquait un homme.

S'adressant au maire, M. le baron Auguste de Fourment, et à la foule qui l'entourait, il dit :

— Trois hommes de mon escadron sont entrés ici ce matin ; deux d'entre eux répondent à l'appel. Je vous accorde une demi-heure pour retrouver le troisième, sinon j'exercerai sur vous les plus terribles représailles.

Le maire, qui avait été mis au courant de ce qui s'était passé, fit tout ce qu'il put pour sauver le meurtrier ; après un semblant d'enquête, il vint retrouver une demi-heure plus tard le colonel prussien et lui rendit compte de ce qu'il avait appris.

— La rumeur publique, dit-il, prétend que votre cavalier a été tué et son corps jeté à la rivière ; mais, vu l'heure avancée, il est impossible de se livrer à des recherches pour découvrir son cadavre. Quant au meurtrier, il est inconnu.

— Cela ne change rien à ma première décision, répondit le colonel. L'un des nôtres a disparu ; il me faut son cadavre et la personne de celui qui l'a tué. Je vous accorde une nouvelle demi-heure. A l'expiration de ce délai, si vos recherches n'ont pas abouti, je ferai incendier le bourg et j'emmènerai comme otages le maire et les principaux habitants.

M. de Fourment fit semblant de se livrer à une seconde enquête. Et. le délai expiré, il revint auprès du colonel.

— Faites de moi ce que vous voudrez,

lui dit-il, mais, de grâce, épargnez le bourg et les habitants.

Sur ces entrefaites, Romain, qui s'était enfui vers Saint-Pol aussitôt le meurtre accompli, avait réfléchi sur les conséquences de son acte ; il revint sur ses pas et rentra à Frévent ; là, il apprit à quelles représailles les Allemands allaient avoir recours. Courageusement, il se déclara l'auteur du meurtre du cavalier prussien.

— J'ai commis l'acte, dit-il ; je dois en subir les conséquences ; je ne supporterai pas que des innocents paient pour moi.

Romain fut arrêté par les Prussiens au café de la Fonderie, dans la rue des Gambettes ; le soir même, il était emmené à Auxi-le-Château ; ses bourreaux l'attachèrent avec des cordes à l'une des colonnes du péristyle de l'hôtel de ville, où il passa la nuit.

Durant cette nuit, les soldats allemands se livrèrent à des orgies dans les maisons avoisinant la mairie ; comme passe-temps, ils firent subir à leur prisonnier toutes sortes de tourments plus barbares les uns que les autres ; l'un de ceux qui semblait leur offrir le plus d'agrément consistait à faire absorber de vive force à Romain du café bouillant.

Après une nuit de tortures atroces, Romain fut ramené le lendemain à Frévent. En arrivant près du pont Saint-Vaast, ses gardiens aperçurent un prêtre en face de la rue de Doullens ; c'était l'abbé Henri

Billot, curé de Nuncq ; ils l'engagèrent à entendre la confession de leur prisonnier, ajoutant qu'il allait être exécuté.

Le malheureux Romain, résigné au sort qui l'attend, se confesse volontiers et reçoit l'absolution en pleine rue. Les troupes prussiennes se massent sur la place ; une futaille vide est placée debout sous l'enseigne de M. Pruvost-Noirot, débitant de tabac. Romain est hissé sur ce piédestal ; une corde lui est passée autour du cou ; au moment où la futaille est renversée, deux coups de fusil tirés à bout portant par des cavaliers prussiens abrègent le supplice du malheureux Romain, qui, après la futaille enlevée, demeura suspendu entre le ciel et la terre.

Pendant ce temps, quelques soldats conduits par un officier se rendent rue de Doullens dans la maison de leur victime, qu'ils saccagent, et découvrent en partie le toit.

Ce bel exploit accompli, les troupes prussiennent défilent devant le corps suspendu, puis elles se dirigent sur la route d'Avesnes-le-Comte.

Le maire de Frévent dut verser une somme de dix mille francs, montant de l'amende prononcée par le colonel prussien.

Après le départ des Allemands, le cadavre de Romain fut enlevé de son gibet pour être déposé dans l'une des salles de l'hôtel de ville. Le lendemain, un service solennel était célébré vers dix heures du matin en l'église de Saint-Vaast pour le repos de l'âme de Romain ; son corps fut ensuite inhumé dans le cimetière.

La famille de ce malheureux, qui habitait Lillers, fut aussitôt prévenue. Elle arriva le 4 janvier à Frévent, fit exhumer le corps de Romain et le transporta à son bourg natal, où de nouvelles funérailles furent célébrées. Toute la population tint à y assister.

Quant au cadavre du cuirassier prussien, il fut retiré de la rivière dans la soirée du 1er janvier ; on le déposa dans la prison de l'hôtel de ville, où il demeura jusqu'au retour des Prussiens ; sur leur demande, il fut mis dans un cercueil et placé sur un chariot de réquisition puis conduit à Avesnes-le-Comte et de là à Adinfer, où on l'a perdu de vue. Avant sa mise en bière, plusieurs habitants de Frévent allèrent visiter ce cadavre, que la gelée avait rendu d'une rigidité extrême.

On assure que le détachement prussien qui avait accompli ce peu glorieux exploit fut massacré le lendemain aux environs de Bapaume.

Tel est l'épisode authentique rapporté par M. A. de Cardevacque dans son *Histoire de l'invasion allemande dans le Pas-de-Calais,* que j'ai pu compléter par le récit que m'en a fait un honorable habitant de Frévent, M. G. Cappe de Baillon, auquel j'adresse tous mes remerciements.

XVIII

UNE NÉGOCIATION HEUREUSE

Sous le titre : « Causerie de quinzaine. Vieux tiroirs, » M. Jules Claretie a publié dans le *Journal* du mercredi 10 juillet 1901, un de ces articles impeccables qui sont un véritable régal pour les délicats. J'en détacherai le passage suivant pour faire partager par mes lecteurs le plaisir que j'ai éprouvé moi-même à la lecture de ce morceau. Au reste, l'épisode que rapporte l'éminent écrivain rentre tout à fait dans le cadre que je me suis imposé.

« Le 7 janvier 1871, le village de Croisilles, dit M. Claretie — Croisilles, le nom d'une nouvelle de Musset, — Croisilles, dans le Pas-de Calais, — est envahi par un détachement de l'armée allemande. Le chef prit pour otages la municipalité tout entière et l'emmena à Amiens, dans la citadelle, ajoutant que si, dans quinze jours, cent mille francs n'étaient pas versés à l'armée prussienne, les otages seraient internés en Allemagne.

Cent mille francs ! Dans un petit village ruiné, parmi des populations écrasées par les contributions de guerre ! Il n'y fallait pas songer. Et, étapes par étapes, dans le rude hiver, les pauvres gens de Croisilles furent conduits à la citadelle d'Amiens et jetés dans les casemates. Défense d'écrire aux familles éperdues. Coupables de pauvreté et de patriotisme, les malheureux étaient au secret. Et, de jour en jour, ils s'attendaient à partir — à pied peut-être — pour là-bas.

Or, à Croisilles, Alexandre Artus se trouvait être logé chez un des prisonniers, M. Poutrain. Il résolut de trouver l'argent, de délivrer les pauvres gens. Par 16 degrés de froid, en carriole, avec le premier clerc du notaire du pays, il part pour Arras, puis pour Doullens. Et là, craignant que l'équipage ne fût saisi par les Allemands, Artus continue son voyage à pied, dans la neige, et, avec quelques mots écrits sur un bout de papier par le maire de Croisilles, il se présente à la *Commandature* prussienne, à Amiens.

Le général allemand ne le reçoit pas. Alexandre Artus va frapper à la porte de l'évêché. L'évêque pouvait communiquer librement avec la *Commandature*.

Non, car le desservant d'un petit village des environs s'étant révolté contre une contribution arbitraire, l'abbé avait été pris comme otage, enfermé, lui aussi, dans la citadelle, et l'autorisation de communiquer venait d'être refusée à Monseigneur d'Amiens.

L'évêque, pourtant, joint son apostille à la lettre du maire. Artus insiste, le général allemand le reçoit, l'écoute. Il regarde la carte du département.

— Croisilles ? En effet, le village est pauvre. Quelle est la fortune de chaque otage ? Le gain journalier des ouvriers des champs ? Celui des ouvriers des fabriques ?

Il calcule. Cent mille francs, c'est beaucoup. Et, comme un négociant qui débat le prix d'une marchandise, le vainqueur fait au chef d'orchestre un rabais de soixante-dix mille francs !

— Trouvez trente mille francs, et les otages sont libres.

Puis, Artus obtient la permission d'annoncer aux prisonniers la bonne nouvelle. Il descend dans les casemates sombres comme le sauveur dans le cachot de d'Allègre et de Latude. Il se multiplie pour parfaire les trente mille francs exigés. Il va, vient, demande, arrache, trouve. Les trente mille francs sont apportés à Amiens ! Les pauvres gens de Croisilles ne partiront pas pour les prisons allemandes ! Les otages des Allemands sont libres !

Je trouve cet épisode — si simple et si poignant — conté par les habitants de Croisilles eux-mêmes avec des attestations qui sont singulièrement touchantes : « Le sous signé, fils aîné de Milon (Joseph), ancien otage décédé, atteste la sincérité des faits relatés ci-dessus : M. Milon, ancien maire de Croisilles. »

Ils ne sont pas tous décédés, les *anciens otages* de 1871, et plus d'un certifie le dévouement du bon chef d'orchestre. Dans tous les cas, Alexandre Artus, est vivant et cet homme de talent est un homme de cœur. Voici le portrait de l'évêque d'Amiens, qui se joint aux agriculteurs du Pas-de Calais pour remercier le brave artiste. Voici un portrait-carte du général Derroja, qui assure Artus de son « souvenir affectueux. » Et cette prière de l'évêque au général allemand : « Si Son Excellence monsieur le général en chef pouvait accueillir cette supplique, je lui en serais profondément reconnaissant. Son très respectueux serviteur : ✝ Jacq. Ant. Ev. d'Amiens. » Et, avec l'aigle de Prusse et le timbre bleu : *Ober. Commando I. Armée,* la signature du chef d'état-major, le laisser-passer accordé par le vainqueur au pauvre chef d'orchestre errant et jouant au naturel, par la neige et le froid, le rôle du terre-neuve dans un mélodrame plus sinistre que tous ceux de l'Ambigu... »

Cet article, irréprochable au point de la forme, appelle quelques rectifications que l'auteur voudra bien me permettre de faire. C'est dans un petit volume publié en 1872 sous le titre : *Histoire de l'invasion allemande dans le Pas-de-Calais,* par A. de Cardevacque, d'Arras, que je trouve les principaux élé-ments de ces rectifications.

Les Prussiens firent une première apparition à Croisilles le 27 décembre ; ils y revinrent de nouveau le 30 décembre et on les y revit le 26 janvier 1871, et non le 7 janvier, comme le dit M. J. Claretie. C'est ce jour-là, 26 janvier, qu'un colonel allemand ayant avec lui 2,000 fantassins, 500 cavaliers et une batterie d'artillerie imposa une contribution de guerre de cent mille francs aux communes qui composent le canton de Croisilles. Voici l'ordre qui fut affiché dans chaque village par des exprès fournis au général prussien par le maire du chef-lieu, tel que l'a reproduit M. de Cardevacque :

ORDRE

« Par le présent, le canton de Croisilles reçoit l'ordre de payer, dans les vingt-quatre heures, une contribution de guerre de cent mille francs.

« En cas de refus, cinq notables du canton seront emmenés prisonniers, internés ou envoyés en Allemagne, aussi longtemps qu'on aura effectué le paiement de la contribution.

« La contribution doit être payée, non seulement par le chef-lieu, mais encore par toutes les autres communes du canton.

« La répartition sur les autres communes devra être faite par les autorités françaises.

« Par ordre du général commandant la 15ᵉ division d'infanterie prussienne :

« *Le général commandant la 30ᵉ brigade,*

« DE STRULBERG. »

Cinq habitants du canton furent emmenés aussitôt comme ôtages ; c'étaient MM. Carlier, notaire ; Milon Joseph et Poutrain, cultivateurs à Croisilles ; Dubois, de Saint-Léger, et Vaillant, maire et conseiller d'arrondissement à Hénin-sur-Cojeul. « Ce dernier, qui allait se mettre à dîner au moment de l'arrivée des Prussiens, n'a pu seulement obtenir de prendre son repas ; il a dû suivre l'ennemi, en sabots, à jeun et sans argent. »

Le lendemain 27 janvier, une réunion des maires du canton eut lieu à Croisilles. « Il fut décidé qu'en présence des otages enlevés, on ne pouvait se soustraire au paiement de la contribution imposée, mais qu'on se présenterait d'abord avec la moitié de la somme. Comme on avait beaucoup de peine à la réunir, M. le maire du chef-lieu de canton fit une démarche auprès de M. Lenglet, alors préfet du Pas-de-Calais, pour le prier d'intervenir auprès du général von Gœben, à Amiens, afin d'obtenir la réduction de la contribution de guerre, ce dont M. Lenglet voulut bien se charger. Sur ses instances, elle fut réduite à 35,000 fr., qui furent payés quelques jours plus tard. »

Comme on le voit, ces deux récits se complètent l'un par l'autre. M. de Cardevacque n'a pas connu le dévouement d'Alexandre Artus, alors chef de fanfare au 17° de ligne, que M. Claretie a si bien raconté. Artus, qui vit toujours, porte allègrement ses quatre-vingts ans ; pendant de longues années, il fut chef d'orchestre au

Châtelet ou à l'Ambigu, « et tous les faubourgs ont chanté les chansons, la musique, les refrains, et dansé les quadrilles d'Alexandre Artus..., qui a composé des morceaux par centaines, des accompagnements par milliers. »

En terminant son article, M. J. Claretie exprime le vœu de voir briller sur la poitrine de son héros l'étoile du brave. On ne saurait qu'y applaudir, d'autant que, comme le fait observer l'auteur, « quelques croix encore vont être, comme un post-scriptum mortuaire, données à des oubliés de 1870-71. »

XIX

LUGUBRE BILAN

Il est un recueil que l'on aurait dû former pour tous les départements envahis en 1870, et en particulier pour le département de la Somme : c'est le relevé exact et détaillé, jour par jour pour chaque commune et pour chaque hameau, des faits qui se rattachent à l'invasion.

Pour notre département, il n'y a qu'un arrondissement qui ait eu la bonne fortune de posséder un annaliste de ce genre : c'est l'arrondissement de Péronne. M. G. Ramon a eu la patriotique pensée de publier la masse considérable de renseignements qu'il a pu réunir sur toutes les localités de son arrondissement. La lecture de ces pages douloureuses fait saigner le cœur de tout bon Français. Pour ma part, j'ai lu et relu bien des fois les deux volumes qu'a écrits M. Ramon sur cet attristant sujet.

L'arrondissement de Péronne fut durement éprouvé tant par les atrocités teutonnes, qui y furent fréquentes, que par les réquisitions écrasantes dont il fut si souvent frappé.

Le montant total des réquisitions, pertes et dommages a dépassé onze millions. Le canton de Péronne, — qui souffrit le plus, — y entrait pour plus de la moitié, soit 5.832.039 fr.; la ville de Péronne seule perdit 4.208.969 fr. Le canton de Chaulnes venait en seconde ligne avec 1.411.062 fr., puis le canton d'Albert avec 837.000 fr., puis le canton de Ham avec 806.715 fr.

Un petit village d'une population de 397 habitants, — réduite aujourd'hui à 332, Gueudecourt, — eut à fournir, du 27 décembre au 30 janvier, 2.615 kilogrammes de pain, 400 kilogrammes de viande salée, 2 chevaux, 7 vaches, 48 moutons, 242 poules, 50 lapins, 507 bouteilles de vin, 700 litres d'eau-de-vie et liqueurs, 253 hectolitres d'avoine, 4.000 kilogrammes de paille et fourrages. Le total de ces réquisitions, joint au produit d'une contribution de guerre et à la perte d'une maison et d'une grange brûlées par les Prussiens, s'est élevé à 25.652 fr.

Les habitants des localités occupées ou traversées par les soldats de Guillaume s'estimaient heureux quand ils n'étaient tenus qu'à des réquisitions. Mais, chaque jour, les vainqueurs inventaient des vexations nouvelles. Les maires, les adjoints, les personnes notables étaient en butte à leurs mauvais traitements; ils étaient le plus souvent pris comme otages, après avoir été roués de coups de crosse et de plat de sabre.

Les Allemands garrottaient leurs victimes, qu'ils jetaient ensuite sur le fumier ou les enfermaient pendant de longues et mortelles heures sans siège, sans nourriture et sans feu.

Les incendies de maison et de granges furent très fréquents.

Quant au pillage des maisons, il se pratiquait chaque jour sur une vaste échelle ; sous prétexte de rechercher les armes cachées, les Prussiens se livraient sans vergogne aux vols les plus éhontés.

« Le chapitre des mauvais traitements dont nos compatriotes furent victimes, dit fort justement M. Ramon, tiendrait à lui seul un volume entier. »

Rien n'est plus vrai. On n'en finirait pas s'il fallait raconter par le menu toutes les iniquités, toutes les vexations, toutes les atrocités, tous les crimes dont l'arrondissement de Péronne a été le théâtre pendant l'occupation ennemie. Bon nombre de personnes que l'on ne connaît point, moururent de peur, de saisissement ; d'autres, également inconnues, et en plus grand nombre, succombèrent par la suite aux brutalités dont elles avaient été l'objet.

C'est ce néfaste bilan que je vais essayer d'établir, m'en tenant seulement aux grandes lignes. Comme l'ouvrage de M. Ramon ne se trouve guère que dans un trop petit nombre de mains, j'en ferai un résumé, que je compléterai à l'aide de documents personnels que j'ai recueillis.

Environ 2.400 soldats prussiens venant de Pont-Noyelles se rendant aux environs de Péronne pour en faire l'investissement s'arrêtèrent à Herleville le 26 décembre. Le colonel était ivre ; à son arrivée, il interpella violemment le maire et le curé, et leur annonça que les habitants seraient passés au fil de l'épée et le village, livré aux flammes.

Tout à coup, un artilleur prussien fut atteint dans les reins d'un coup de feu parti sans doute du fusil d'un soldat maladroit. Sous couleur de venger leur camarade, les soldats ennemis pénétrèrent aussitôt dans les maisons pour s'y livrer à un pillage effréné. Pendant toute la nuit, les habitants eurent à souffrir des brutalités de leurs hôtes. L'ordre fut donné ensuite de cesser cette mise à sac, et les ennemis quittèrent Herleville le lendemain après qu'ils y eurent fait une réquisition de quatre-vingt quatorze têtes de gros bétail.

Un régiment de maraudeurs arrivé à Flers le 27 décembre livra ce village au pillage ; toutes les maisons furent fouillées de la cave au grenier ; sous prétexte de saisir les armes cachées, les Allemands s'emparèrent des divers objets de luxe qu'ils rencontrèrent : « montres, tabatières, foulards de soie, vêtements de femmes, bas, chaussettes, draps, couvertures, rien ne fut dédaigné par ces maîtres détrousseurs de grands chemins, dit M. Ramon ; disséminés dans les maisons par bandes de huit à vingt-cinq hommes, ils firent main-basse encore sur l'argent et les valeurs. »

Des soldats prussiens, en se rendant auprès de Péronne traversèrent Suzanne le 27 décembre ; ils mirent le feu à plusieurs meules en passant. Dans le château, ils se saisirent de trois chevaux d'une valeur de 18.000 fr.

A Nurlu, des fantassins ennemis, arrivés le 28 décembre, descendirent aussitôt dans les caves, qu'ils mirent au pillage ; puis, sous l'influence de la boisson, ils brisèrent le mobilier et maltraitèrent les habitants.

Ce village était de nouveau livré au pillage le 4 janvier par des cavaliers et des fantassins qui escortaient de nombreuses voitures chargées de toute espèce d'objets. Pendant deux heures, les soldats ennemis dévalisèrent toutes les maisons. Des gerbes d'avoine non battues alimentèrent les feux de bivouac. Les poulaillers furent dépeuplés, et, amusement singulier, ces soldats placèrent sur le mur d'un abreuvoir les têtes de plusieurs centaines de volailles qu'ils avaient décapitées.

Le 3 janvier, des fantassins ennemis entrèrent de force dans les maisons de Miraumont pour s'emparer des matelas, des paillasses et des literies ; dans les cours, ils enlevèrent les herses et les claies de parc dans le but de protéger leurs tirailleurs derrière les travaux de défense qu'ils avaient établis, parce qu'ils s'attendaient à être attaqués par l'armée du Nord.

Le même jour, vers quatre heures d'après-midi, un officier de cuirassiers blancs tira, sans rime ni raison, un coup de pistolet sur un habitant de ce village.

Vers le 7 janvier, dix habitants de Templeux-la-Fosse quittèrent leur village pour se rendre à Péronne, où ils avaient affaire ; ils pensaient que cette place s'était rendue. En chemin, ils furent rencontrés par des soldats prussiens, qui les arrêtèrent et les conduisirent comme prisonniers à Aizecourt-le-Haut, où se trouvait l'état-major. Ces infortunés demeurèrent sans nourriture pendant trois jours ; ils ne furent rendus à la liberté qu'après le versement, par la commune de Templeux, d'une somme de 1.000 fr., qui avait été fixée pour leur rachat.

Le 14 janvier, à neuf heures du matin, des soldats ennemis logés à Mons vinrent réquisitionner à Pœuilly ; ils se livrèrent à un pillage effréné et visitèrent surtout les caves ; sous l'effet de l'ivresse, ils menaçaient violemment les habitants, auxquels ils annonçaient qu'ils allaient tout détruire ; ils se retirèrent emmenant trois vaches et emportant de l'avoine, du pain et surtout du vin et de l'eau-de-vie. Ils se rendirent de là à Caulaincourt, où ils se livrèrent au même exercice. Dans l'après-midi, on les vit revenir à Pœuilly, où ils s'emparèrent de trois autres vaches, parce que, dans leur

ivresse, ils avaient oublié les trois premières
à Caulaincourt.

Environ 600 fantassins allemands arrivèrent à Muille-Villette le 17 janvier vers
huit heures du soir ; les maisons furent
livrées au pillage. Comme le maire était
absent, ils s'emparèrent de l'adjoint et
de l'instituteur, qu'ils obligèrent à passer
par les rues du village sous peine d'être
fusillés ; ils leur firent parcourir la rue principale en les contraignant à crier aux habitants de Muille de donner aux soldats ennemis
tout ce que ceux-ci pourraient réclamer.

Il passa à Quivières 4.000 hommes, tant
fantassins que cavaliers, venant de Nesle ;
ils pillèrent les maisons, emportant surtout
les lapins et la volaille : poules, canards,
oies et dindons.

Un détachement de 200 artilleurs ravagea
pendant deux nuits les caves, les greniers,
les granges et les cours de Quivières les
22 et 23 janvier.

Des fantassins et des cavaliers logèrent
dans le même village du 4 au 6 février ; ils
renouvelèrent les vols commis par leurs
prédécesseurs ; ils faisaient main-basse en
plein jour sur le linge, les habits, les usten-
siles de ménage et de cuisine, les objets de
literie et de toilette, les couverts en argent,
les couteaux, les pipes, les tabatières,
etc.. etc.

Des convoyeurs. en traversant Eppeville,
Verlaine, Muille-Villette et autres villages

des environs, se livrèrent au pillage et à la
dévastation.

Les habitants de Vauvillers eurent à loger
pendant trois nuits 1300 fantassins qui
avaient pris part au combat de Bapaume le
3 janvier ; l'échec qu'ils y avaient éprouvé
les rendait de fort mauvaise humeur ; aussi
la population eut-elle fort à souffrir ; la
maison du maire fut pillée.

Quelques jours après la reddition de
Péronne, une patrouille allemande traversait
Bernes lorsqu'un coup de feu se fit entendre.
Les ennemis pénétrèrent aussitôt dans les
maisons d'où la détonation semblait provenir;
ils se saisirent de deux habitants, qu'ils
emmenèrent au Câtelet. A la suite d'une
enquête, le coupable fut découvert; c'était
un jeune homme de dix-neuf ans, qui avait
tiré sur des moineaux. Le maire et deux
conseillers municipaux partirent immédiatement au Câtelet avec ce jeune homme.
Après explications, le colonel prussien
relâcha les deux otages, mais il envoya le
maire, les deux conseillers et le coupable
au commandant de place de Péronne. Ce
dernier, furieux, ne parlait de rien moins
que de livrer Bernes à l'incendie et de
pendre le malheureux jeune homme. Le
maire plaida si bien la cause de celui-ci que
le commandant prussien imposa ensuite une
amende de 2.000 fr., et, finalement, se
borna à punir le coupable de huit jours de
prison dans la caserne de Péronne, où il
recevrait la schlague ; à son retour à Bernes,

semblable correction lui serait administrée, ainsi que dut le jurer le maire.

Néanmoins, un détachement de 70 hussards arrivait quelques jours plus tard dans ce village ; le commandant se saisit des deux premiers habitants qu'il rencontra dans la rue, et, après qu'il les eut fait adosser à un mur, il se fit conduire chez l'adjoint, auquel il reclama une somme de 1.000 fr. pour le coup de feu tiré précédemment. Le maire, prévenu de ce qui se passait, alla trouver l'officier et lui dit que l'affaire avait été arrangée avec le commandant de place. Le Prussien ne voulut rien entendre, et, pour éviter de plus grandes exigences, le maire versa les 1.000 fr. réclamés ; les ennemis quittèrent Bernes en emmenant une vache et en emportant des boissons.

1.700 fantassins allemands logèrent à Hem-Monacu du 6 au 8 janvier ; craignant l'arrivée de l'armée du Nord, ils firent quelques travaux de défense dans ce village : ils crénelèrent les murs d'une ferme et abattirent des arbres. Deux jours plus tard, ils faisaient sauter quatre petits ponts et incendiaient une meule de fagots, une grange et trois bâtiments.

Le 13 février, un habitant de Bray ayant voulu s'opposer à l'enlèvement de sa vache par des soldats prussiens fut aussitôt appréhendé par ces derniers, qui le malmenèrent et l'emprisonnèrent ; pour recouvrer sa liberté, il dut verser une somme de 2.000 fr. à titre d'amende.

Le vicaire de Bray avait logé pendant quelques jours un officier prussien nommé Bismarck, qui se disait fils du ministre de Guillaume. Ce personnage ayant été loger ensuite à Combles, il obligea un habitant de ce bourg, distant de six lieues de Bray, à se rendre chez le vicaire de cette ville, où il avait oublié une petite boîte contenant du fil et des aiguilles.

Des fantassins logés à Feuillères allèrent réquisitionner à Curlu le 2 mars. Le maire convoqua le conseil municipal à la maison commune ; le lieutenant qui commandait les réquisitionnaires était présent à la séance. Le conseil fit remarquer que la réquisition imposée était trop forte. L'officier allemand dégaîna ; effrayés, le maire et les adjoints accordèrent ce qui leur était demandé.

Les soldats allemands retournèrent à Feuillères, emmenant avec eux le maire de Curlu ; mais, à la sortie du village, ils le relâchèrent.

Trois uhlans à cheval se trouvaient en face de la fabrique d'Épénancourt le 23 novembre entre trois et quatre heures de l'après-midi ; plusieurs jeunes gens, pris de boisson, s'amusèrent à lancer des betteraves sur ces soldats ; l'un de ces derniers tira un coup de pistolet ; la balle, ricochant sur le pignon de la fabrique, alla briser un carreau à une maison située cinquante mètres plus loin ; on retrouva plus tard le projectile dans la paillasse du lit de cette maison.

Deux escadrons de cuirassiers blancs,

arrivés à Cerisy-Gailly à dix heures du matin, demeurèrent dans ce village jusqu'à trois heures du soir. Ils fouillèrent toutes les maisons, puis, étant descendus dans la prairie pour y sonder le passage de la Somme, ils aperçurent un habitant de ce village qui revenait à cheval de Méricourt ; un peloton se mit à sa poursuite. Ayant été rejoint, il fut enlevé de sa monture, ligotté et emmené à Marcelcave. Quatre jours plus tard, il passait devant un conseil de guerre sous l'inculpation d'avoir commandé à un corps de francs-tireurs. Toutefois, les Prussiens n'osèrent pas le condamner ; ils le renvoyèrent ; mais il était couvert sur tout le corps des marques de coups dont il avait été l'objet.

Ces vaillants soldats, qui ne montraient du courage que pour persécuter les paysans sans défense, redoutaient par-dessus tout les francs-tireurs. Ils ont donné partout des preuves de leur couardise.

Lorsque sonnait l'appel aux armes, la peur s'emparait de ces hommes, qui tremblaient de tous leurs membres, devenaient livides et se mettaient à pleurer. Les officiers eux-mêmes partageaient cette peur. Tout en admirant le commandant en chef de l'armée du Nord, ils ne manquaient jamais de l'appeler : *Chiendent de Faidherbe.*

En arrivant dans les villages, leur premier soin était de faire publier un ordre du genre de celui-ci : « Par ordre du commandant, les habitants sont obligés de rendre les armes sans délai à peine d'être fusillés et les maisons incendiées. Défense est faite à tous de sortir du village, et les soldats ont ordre de faire feu sur quiconque tentera de désobéir. »

Le 27 novembre, le maire de Cerisy-Gailly fut saisi, vers une heure de l'après-midi, par deux cuirassiers, qui, le pistolet au poing, le conduisirent vers le commandant du détachement pour qu'il fît servir à boire et à manger aux soldats ennemis. Le repas était à peine commencé qu'une trentaine de soldats français, postés au bac de Chipilly, firent feu sur quatre éclaireurs prussiens. En entendant la fusillade, les soldats ennemis qui venaient de se mettre à table prirent la fuite vers Bayonvillers, emmenant avec eux l'adjoint et son beau-frère ; le premier fut frappé à coups de sabre parce qu'il retardait la marche ; il rentra chez lui vers neuf heures du soir, n'en pouvant plus de fatigue et des mauvais traitements dont il avait été l'objet ; il annonça à ses compatriotes que, le lendemain, les Allemands viendraient bombarder et incendier le village pour punir les habitants d'avoir tenté de se défendre. Mais la reddition d'Amiens sauva Cerisy de cette extrémité.

Environ 150 artilleurs venant de Ham arrivèrent à Nesle le 1er décembre, à sept heures du soir. L'officier qui commandait ce détachement ayant sans doute l'intention de tirer une bordée à Amiens, réquisitionna quatorze voitures de luxe à quatre roues, qui devaient être amenées sur la place publique pour neuf heures. Or, le maire ne put trouver que trois véhicules de ce genre ; il compléta le nombre exigé par des charrettes. Quand, à l'heure dite, l'officier se présenta sur la place et qu'il vit ces trop modestes voitures, il s'emporta contre le maire ; le fit saisir par quatre soldats, qui le molestèrent et le frappèrent violemment ; il allait être fusillé, quand le propriétaire d'un hôtel voisin, témoin de la scène, se plaça vivement entre le maire et les soldats pour éviter à ceux-ci de commettre un assassinat de plus.

Un détachement de 3.500 hommes arriva dans cette ville le 17 janvier pour y séjourner. Le général Gœben logea chez M. Lenoir de Becquincourt, et le prince Albert de Prusse, neveu du roi Guillaume, devint l'hôte d'un autre notable habitant. « A minuit, la princesse en personne, — plutôt une altesse au titre auxiliaire, accompagnée d'une femme de chambre, dit M. Ramon, — rejoignait son long, maigre et rogue époux, qu'elle quitta seulement le lendemain de bon matin. » M. Ramon ajoute que « cette amazone d'outre-Rhin employa le linge de toilette de son hôte à un usage que notre langue se refuse à décrire. Si mal élevée que soit une princesse allemande, le fait nous paraît tellement invraisemblable de la part d'une altesse, que nous préférons douter encore de l'état civil de cette compagne du prince Albert. »

Ailleurs, les officiers allemands ont laissé de mauvais souvenirs de leur manque d'éducation et de leur goinfrerie. L'usage du mouchoir de poche leur était inconnu, aussi les voyait-on se moucher à la façon du père Adam.

A Bray-sur-Somme, un lieutenant-colonel absorba dix verres de vin à la file en présence des notables de Cerisy qu'il avait fait appeler pour acquitter leur contribution de guerre. Un capitaine, qui avait des invités à sa table, voyant apporter un gigot, se rua sur ce plat qu'il affectionnait sans doute, et sortit dans la rue en mordant le gigot jusqu'à l'os pour ôter à ses convives le désir d'en prendre leur part.

Le dimanche 4 décembre, environ quatre-vingt-cinq uhlans arrivaient à Éterpigny à l'heure où les habitants se trouvaient à la messe ; ils attendirent la sortie du maire. Le chef de la patrouille, lui plaçant son pistolet à la gorge, le somma d'avoir à lui livrer du vin chaud pour ses soldats, sous peine de voir incendier le village après l'imposition d'une forte contribution de guerre. Le maire s'exécuta et fit remettre trente litres de vin. Les uhlans se retirèrent à l'extrémité du village ; ils enfoncèrent leurs lances dans une pièce de terre ; comme le sol était durci par la gelée, ils éprouvèrent quelque difficulté pour exécuter cette besogne ; quand leurs lances furent solidement fichées en terre, ils y attachèrent leurs chevaux par la bride, et, tandis qu'une partie des hommes surveillait les montures, l'autre partie pénétrait dans une maison voisine pour s'y réchauffer et pour y préparer une soupe. Mais, au bout d'un instant, quelques coups de fusil sont tirés dans la direction du bivouac. Les uhlans se sauvent dans toutes les directions, emportant leurs blessés, et abandonnant seize chevaux, des armes et une voiture de cantinier chargée de vivres.

Cette alerte avait été causée par six gardes nationaux sortis à l'improviste de Péronne. Un détachement de marins et de gardes nationaux venant de la même ville arrivait un moment après, et, le soir, tout le monde rentrait triomphalement à Péronne.

Pour se venger de leur échec du 9 décembre à Ham, les soldats ennemis, revenus dans cette ville le 25 suivant, y commirent toutes sortes d'exactions. L'école des filles de Saint-Sulpice et plusieurs maisons particulières furent mises à sac. Quant aux habitations inoccupées, les portes furent défoncées et le mobilier fut livré au pillage ou brisé.

Pendant l'occupation de cette ville, le service de la poste était assuré d'une manière fort originale. Les facteurs, déguisés en marchands de légumes, traversaient les *hardines* ou hortillonnages, portant au bras des paniers remplis de légumes, au fond desquels étaient placées les dépêches.

Le 27 décembre, une centaine de Prussiens, venant de Rancourt, qu'ils avaient pillé dans la matinée, arrivèrent à Bouchavesnes vers midi. Un petit détachement de la garnison de Péronne, embusqué dans le cimetière, fit feu sur les ennemis, tuant un uhlan et mettant hors de combat dix-huit fantassins. Les Prussiens battirent en retraite et les nôtres rentrèrent à Péronne.

Dans l'après-midi, des cavaliers ennemis revinrent à Bouchavesnes ; ils brisèrent les vitres de plusieurs maisons pour en faire sortir les habitants afin de les réquisitionner comme guides. C'est à la troisième maison qu'ils s'emparèrent d'un guide pour les conduire chez le maire. Ils s'étaient à peine avancés de quelques pas, que des mobiles du Pas-de-Calais, envoyés de Péronne en éclaireurs, apercevant les uhlans, tirèrent quelques coups de fusil puis les chargèrent à la baïonnette. A cette attaque imprévue, les ennemis s'enfuirent en abandonnant leur guide. Un uhlan tombé de son cheval fut fait prisonnier et un habitant du village en désarma un autre au moment où il le mettait en joue.

Pour la troisième fois, les éclaireurs ennemis reviennent à Bouchavesnes vers cinq heures du soir ; ils prennent de force un vieillard pour leur servir de guide jusqu'à la maison du maire ; une corde lui est passée autour du bras.

Arrivés chez le maire, les Prussiens lui enroulent une corde autour du cou. Les deux prisonniers sont emmenés dans la direction de Rancourt, tandis que 50 uhlans entrés dans le village mettent le feu en plusieurs endroits.

Arrivés à Rancourt, les deux prisonniers furent mis en présence d'un général prussien qui leur dit : « On a tiré de votre village sur mes hommes. Je vais user de représailles. »

Le maire répondit qu'aucun de ses administrés, qu'il connaissait tous, n'avait fait feu, ajoutant que les soldats prussiens avaient été attaqués par des soldats de la garnison de Péronne, ce que savait, du reste, fort bien le général ennemi. Celui-ci dit alors à son interlocuteur: « Je puis compter sur vous... Bonne Françouze, allez-vous en. »

Le maire et son compagnon de captivité retournèrent aussitôt à Bouchavesnes ; en chemin, ils remarquèrent que plusieurs pièces de canon étaient braquées sur leur village.

Les incendies allumés vers six heures du soir par les uhlans consumèrent plusieurs granges et autres bâtiments ; mais des secours immédiats réduisirent l'importance des dégâts.

Une patrouille composée d'une cinquantaine de uhlans s'avança dans la matinée du 27 décembre jusqu'à Saint-Christ, où elle stationna pendant toute la journée et y fit d'abondantes réquisitions. Le soir, un poste fut établi dans le village et deux vedettes furent placées près du pont du canal. Dans la soirée, vers dix heures et demie, deux

coups de fusil furent tirés sur les deux
vedettes ; l'une d'elles fut tuée et son cheval
percé d'une balle. Les soldats du poste
étant allés chercher du renfort aussitôt
revinrent furieux, menaçant de pendre les
habitants et de piller puis de brûler leur
village ; ils se firent conduire chez le maire
par une femme qu'ils avaient enlevée de
chez elle à demi vêtue.

A minuit, les uhlans conduisirent le maire
et l'adjoint jusqu'à un bateau qui se trouvait
près de l'écluse ; là, ils s'emparèrent de
quatre bateliers qu'ils accusaient d'avoir tué
leur camarade ; après qu'ils eurent attaché
ensemble les six prisonniers avec des cordes
neuves, ils les conduisirent à Brie, tout en
les rudoyant et en les frappant à coups de
sabre. La neige tombait en abondance et le
froid était vif. Il était quatre heures du matin
quand tout ce monde arriva à Brie ; leurs
bourreaux les brutalisèrent de nouveau, puis
ils les reconduisirent à Saint-Christ. L'officier commandant le détachement fit garder
à vue les prisonniers jusqu'à huit heures du
matin ; ils étaient toujours garrottés et
grelottaient dans la neige, mais l'un d'eux,
— l'adjoint, — avait pu s'échapper. Des
perquisitions furent faites dans toutes les
maisons du village. Le maire et les quatre
bateliers furent ensuite emmenés près de
Biaches, où ils restèrent pendant quatre
jours exposés au, froid et mourant de faim ;
ils furent ensuite relâchés.

Pendant l'occupation de Doingt par les

Allemands, — du 27 décembre au 7 janvier,
— la plupart des habitants eurent fort à
souffrir des mauvais traitements de cette
soldatesque.

Un jeune homme, avant son départ pour
le service militaire, avait fondu des balles
pour le tir à la cible. Les balles ayant été
découvertes par les Prussiens, ceux-ci se
saisirent du père de ce jeune soldat ; ils le
conduisirent au poste, où il fut menacé
d'être fusillé. Croyant à son exécution prochaine, il fit ses adieux à sa famille désolée.
Ses bourreaux inventèrent un système de
torture digne d'un peuple barbare ; ils
prirent un manche à balai auquel ils assu-
jettirent une corde très courte, qu'ils lui
passèrent entre les jambes De temps en
temps, l'un de ces sauvages s'approchait du
malheureux, et, lui posant un pistolet sur la
gorge, lui déclarait que sa dernière heure
était venue ; en même temps, on lui faisait
voir une chemise destinée à son ensevelisse-
ment. Ce supplice dura trente heures. Grâce
à l'intervention du maire, le malheureux fut
enfin relâché.

Dans une chambre de la sucrerie, les
ennemis découvrirent un moule à balles, un
fusil et un revolver ; ils confisquèrent tous
les sucres et taxèrent le village à une
amende de 500 fr., qui fut payée séance
tenante.

Tout le mobilier de l'école des filles fut
réduit en cendres ; il ne resta rien des
meubles, ni des garnitures des lits, ni des

tableaux, ni des cartes, et les murs furent couverts d'ordures.

Non seulement les habitants étaient grossièrement insultés, mais ils étaient aussi battus.

Un officier de hussards, grand buveur de vin, réclamait sans cesse du bordeaux et du champagne, et, lorsqu'il était ivre, il disait à ses hôtes : « Vous autres Français, vous avez l'orgueil de vous dire la *Grande Nation*. Mais vous n'êtes qu'un peuple de c... »

Un autre officier, très friand de moutarde, ordonna à son hôte de lui en fournir un pot. L'homme se rendit dans chaque épicerie, mais ce fut en vain ; revenu chez lui, il rend compte de sa mission infructueuse. L'officier allemand le reçut fort mal et lui déclara que, si satisfaction ne lui était point accordée, le village sera taxé à une forte amende. L'hôte obséquieux qui logeait cet officier se rendit à la mairie. Indigné de la servilité de son compatriote pour un officier ennemi, un conseiller municipal dit à l'homme : « Allez donc dire à votre officier que je ne suis point marchand de moutarde et que, s'il en veut, il n'a qu'à regarder le derrière de sa chemise. »

Le total des réquisitions, pertes et dommages pour la commune de Doingt dépassa 165.000 fr.

Deux uhlans en état d'ivresse se trouvant à Falvy le 5 janvier, demandèrent du schnaps à un vieillard de 78 ans ; sur le refus de celui-ci, les soldats brisèrent une fenêtre, frappèrent leur hôte à coups de sabre, mirent ses vêtements en lambeaux et le blessèrent au bras.

Des hussards logés à Herbécourt vinrent réquisitionner à Curlu le 20 février; ils entrèrent chez un cultivateur et lui enlevèrent une génisse pleine de plusieurs mois. Le 29 décembre précédent, une autre vache avait été prise chez le même cultivateur; la femme de ce dernier supplia les réquisitionnaires de lui laisser sa vache. Pour toute réponse, l'un des soldats frappa cette femme à coups de sabre. Le mari, rendu furieux à cette vue, se précipita sur le cavalier, le saisit à la gorge et il allait l'étrangler le plus consciencieusement du monde quand le Prussien, s'échappant des mains de son adversaire, porta à ce dernier un coup de sabre qu'un témoin fut assez heureux de parer. Cette affaire n'eut pas de suite, malgré les menaces de l'Allemand, qui emmena la génisse.

27 soldats allemands arrivèrent à Laviéville pour y réquisitionner; ils entrèrent dans plusieurs maisons, qu'ils se mirent en devoir de fouiller tout en molestant ceux des habitants qui ne trouvaient point ces pratiques à leur goût. La place publique fut bientôt envahie par une grande partie de la population, vivement surexcitée de ce qui se passait, bien que la paix fût signée. Une sorte d'émeute se produisit. Le chef du détachement ennemi crut bon, pour disperser cette foule, de donner l'ordre à ses hommes

de charger leurs fusils et de mettre la baïonnette au canon. Cet ordre n'effraya nullement les mutins, qui continuèrent de demeurer sur la place. Les Prussiens s'avançant pour les disperser renversèrent plusieurs femmes; des collisions se produisirent. Le maire fut pris à la gorge et se vit sur le point d'être étranglé; l'adjoint reçut un coup de crosse de fusil sur le bras droit; un habitant fut grièvement blessé par un coup de baïonnette qui lui traversa la main gauche; un vieillard de 72 ans, renversé sur le sol, se releva couvert de meurtrissures. Enfin, sous la menace d'être passés par les armes, les habitants évacuèrent la place publique et s'enfermèrent chez eux sans oser se montrer pendant au moins deux heures. Les ennemis quittèrent le village vers quatre heures emportant une plus grande quantité de réquisitions que celle qu'ils avaient exigée à leur arrivée.

A Frise, un habitant ayant voulu se rendre compte du nombre de soldats ennemis logés dans ce village, fut soupçonné par les Allemands de se livrer à l'espionnage; ils se saisirent de cet homme, qu'ils enfermèrent dans l'école, où il demeura pendant vingt-quatre heures. Il allait être fusillé le lendemain quand le maire et le curé vinrent plaider chaudement son innocence; il fut rendu à la liberté non sans avoir été maltraité.

Dans le même village, un jeune homme dont les deux frères jumeaux servaient dans l'armée, fut accusé de renseigner les francs-

tireurs et les soldats de l'armée française ;
les ennemis s'étant emparé de lui le con-
damnèrent à mort ; son père, sa mère et sa
sœur furent condamnés à être déportés en
Allemagne, et, finalement, la maison de ces
infortunés fut réduite en cendres. Le maire
et le curé intervinrent en faveur de cette
famille bien inoffensive ; ils se montrèrent
si persuasifs qu'ils obtinrent la grâce de ces
malheureux ; mais le coup avait été trop
rude pour la mère, qui devint folle.

Des fusils ayant été découverts dans les
marais de Frise par les ennemis, le maire
devait être conduit comme otage à la
citadelle d'Amiens ; mais cette sentence ne
fut point mise à exécution.

A Cappy, de nombreux habitants firent
connaissance avec le plat des sabres et les
crosses de fusil. Un particulier, dont la
maison fut mise à sac, dut se cacher pour
éviter d'être maltraité et peut-être d'être
mis à mort. Un autre eut ses bâtiments
incendiés. Un troisième vit un jour arriver
chez lui des soldats ennemis qui voulurent
lui enlever un cheval et une voiture ; c'était
pendant l'armistice. Or, comme ils n'avaient
point de réquisition régulière, l'homme s'opposa à l'enlèvement de son cheval et de
sa voiture ; son beau-frère vint à son secours,
mais les ennemis foncèrent sur le nouveau
venu, qu'ils renversèrent sur le sol ; l'un
d'eux, armé d'une crémaillère, lui en asséna
un coup sur la tête ; il lui fendit les lèvres et
lui cassa quatre dents ; puis ils le traînèrent à

demi-mort sur le fumier où ils le laissèrent.

A Hancourt, pour des motifs insignifiants, deux habitants furent frappés à coups de sabre par les Allemands ; un autre fut mis en joue et fut assez heureux pour éviter le coup de carabine dirigé contre lui.

Un jour, des soldats prussiens ayant besoin d'un cabriolet en prirent un à Assevillers ; mais n'ayant point trouvé de harnais, ils résolurent de se passer de cheval ; ils s'emparèrent de deux habitants du village, qu'ils forcèrent à s'atteler eux mêmes et les obligèrent à traîner le cabriolet jusqu'à Becquincourt, situé à deux kilomètres et demi. Cette lourde plaisanterie, qui amusait beaucoup les Allemands, fut très souvent renouvelée par eux.

Des soldats prussiens, venus à Framerville pour réquisitionner des voitures destinées au transport de leurs subsistances, s'impatientèrent de la lenteur apportée pour la livraison de ces voitures. Ils s'en prirent au maire qu'ils expulsèrent de sa maison en le frappant à coups de plat de sabre ; ils le promenèrent ignominieusement dans les rues en le menaçant de le fouler aux pieds de leurs chevaux.

L'adjoint de cette commune fut aussi l'objet des brutalités des ennemis. Ayant trouvé un hussard prussien couché dans son lit, il l'en chassa ; mais les compagnons du hussard ayant pris fait et cause pour ce dernier, se jetèrent sur l'adjoint, qu'ils maltraitèrent odieusement.

Le village de Suzanne fut fort éprouvé par de fréquents passages de troupes ennemies et par de nombreuses réquisitions — près de soixante-dix.

Un jour, quatre réquisitionnaires, envoyés par autant de détachements différents, arrivaient en même temps à Suzanne ; le maire ne savait à qui répondre. L'un des réquisitionnaires, impatienté de ce qu'il n'obtenait point ce qu'il avait demandé, s'empara du maire, qu'il emmena à Eclusier en le frappant brutalement.

Quelques jours plus tard, un capitaine prussien du 69ᵉ d'infanterie frappa la commune d'une forte contribution de guerre ; les membres du conseil municipal et un des plus haut imposés allèrent trouver le capitaine et lui remirent une somme de 2.000 fr. en le priant de réduire la contribution à laquelle ils avaient été taxés. Le capitaine prit les 2.000 fr. et fit enfermer isolément les délégués dans le château ; ils y demeurèrent depuis onze heures du matin jusqu'à dix heures du soir sans feu, sans siège et sans nourriture ; ils ne furent mis en liberté au bout de onze heures de captivité qu'après qu'ils eurent signé l'engagement de verser 13.625 fr. dans les vingt-quatre heures.

Le total des réquisitions et des dommages causés a dépassé 86.000 fr. pour cette commune.

A Rancourt, des soldats prussiens déjà ivres demandèrent du vin au maire ; celui-ci ayant refusé fut aussitôt entouré par ces ivrognes, qui proférèrent des menaces en tenant leur pistolet sur sa poitrine.

Dans le même village, un journalier refusa de livrer une poule ; pour éviter les mauvais traitements dont il était menacé, il dut s'enfuir en se déguisant.

Le 2 décembre, des uhlans, au nombre d'une vingtaine, arrivaient vers midi à Beaucourt-sur-l'Hallue ; ils précédaient un détachement ennemi qui devait loger dans ce village ; ils perquisitionnèrent dans les maisons ; ayant trouvé chez un habitant un pantalon rouge et un fusil chargé dans le lit de cet homme, ils s'emparèrent de ce dernier et l'emmenèrent dans la plaine, pour le fusiller. Mais le maire étant intervenu, les raisons qu'il donna furent acceptées et le malheureux fut relâché.

A peu près à la même heure, un cabaret était mis au pillage, et un aubergiste était tué dans le marais pour avoir enfreint la défense de sortir du village.

Le 14 janvier, deux habitants de Sailly-Laurette allaient prévenir l'armée du Nord, arrivée le jour même à Albert, de la présence d'un poste prussien de cinq hommes établi dans le marais pour défendre le passage de la Somme ; neuf soldats français furent aussitôt envoyés avec les deux habitants de Sailly ; ils traversèrent la rivière sur des planches mal jointes, et, à onze heures du soir, profitant du sommeil des cinq Allemands, ils les faisaient prisonniers. Mais, le lendemain, deux habitants du village étaient pris comme otages par les ennemis.

Dix jours plus tard, un détachement de cuirassiers blancs et de fantassins du 65ᵉ de ligne arrivait avec une soixantaine de voitures pour se saisir de huit personnes de ce village, qui avaient été dénoncées par un de leurs compatriotes pour avoir pris part à l'enlèvement du poste prussien.

Des perquisitions minutieuses furent faites au domicile de ces huit habitants ; sept d'entre eux avaient pu s'échapper ; le huitième fut pris et emmené à Amiens. Ces soldats avaient reçu l'ordre de piller le village et de le livrer aux flammes ; ils se contentèrent de prendre 1.000 fr. en espèces, trois chevaux et quarante et une vaches.

Mais, quatre jours plus tard, le 29, il arrivait deux cent cinquante fantassins du 69ᵉ de ligne avec mission de rechercher les sept habitants impliqués dans l'affaire du 14 ; comme ils furent introuvables, les ennemis emmenèrent l'adjoint et l'instituteur à la citadelle d'Amiens ; le troisième jour, ils passèrent devant un conseil de guerre avec celui de leurs compatriotes qui avait été pris le 25 janvier ; ils furent acquittés tous les trois.

Deux jeunes gens du même village sachant que les communes environnantes avaient beaucoup de soldats ennemis à loger, s'habillèrent en dragons et, montant à cheval, s'avancèrent sur la colline qui domine Chipilly ; à cette vue, les Allemands, croyant à l'arrivée de l'armée du Nord, se replièrent précipitamment.

Le 30 janvier, des soldats prussiens, arrivant à Bray, frappèrent cette ville d'une contribution de guerre de 37.000 fr. La commission municipale n'ayant pu fournir cette somme, les ennemis s'emparèrent du maire et de trois notables, qu'ils emmenèrent comme otages à Amiens ; ils ne furent relâchés que le 4 février, après qu'ils eurent enduré toutes sortes de vexations.

Le 2 février, 50 soldats allemands se présentaient à la mairie de Laviéville ; ils exigèrent une contribution de guerre de 5.000 fr., représentant 25 fr. par tête d'habitant. Comme il fut impossible de verser cette somme, les ennemis emmenèrent le maire à Amiens ; pendant trois jours, il demeura interné à la citadelle, puis on le relâcha.

Un habitant de Fricourt adressa un pressant appel à ses compatriotes pour les engager à s'armer de fourches et à s'attaquer aux canons rayés des Prussiens. Ces derniers, ayant eu connaissance de ce fait, arrêtèrent ce patriote sur la route de Bray, et le conduisirent dans cette ville, où il arriva en sabots après huit heures de marche. Prisonnier des ennemis pendant trois jours, il fut enfin relâché.

La commune de Driencourt fut frappée par l'autorité militaire allemande d'une amende de 1.000 fr. Le maire refusa de verser cette somme. Il fut emmené comme otage à Bussu puis à Aizecourt-le-Haut ; il fut privé de nourriture et demeura sans feu pendant vingt-quatre heures. Plusieurs habitants de

Driencourt ayant versé les 1.000 fr. réclamés, le maire put être relâché.

« Le 10 juin 1871, rapporte M. Ramon, M. le baron de Foucaucourt, maire de Belloy, auquel un capitaine et un sous-lieutenant du 8ᵉ hussards avaient cherché une véritable querelle d'Allemand, fut appréhendé chez lui par les soldats ennemis et conduit dans la salle de la mairie, où il fut gardé à vue, avec son valet de chambre, depuis midi jusqu'au lendemain à huit heures du matin, étendu, pieds et poings liés, et sans nourriture, sur un peu de paille, pendant que les tristes héros de ces inqualifiables brutalités commandaient en maîtres au château. »

Nous terminerons par la partie funèbre de ce lugubre bilan ; mais le relevé que nous allons donner des morts violentes sera bien incomplet, car il est impossible de déterminer aujourd'hui le nombre de ceux qui ont succombé postérieurement, victimes des suites de l'invasion.

A la suite du combat de Querrieu, des mobiles de la Marne et du Gard passèrent à Laviéville, où ils couchèrent la nuit du 24 au 25 décembre ; l'un d'eux étant tombé malade chez son hôte y demeura ; le 26, quatre cent cinquante soldats prussiens arrivaient dans ce village, vers midi ; ils firent le mobile prisonnier, et son hôte, vieillard de soixante-douze ans, fut bousculé durement par un soldat prussien, qui le jeta à terre dans sa cour ; le soir même, le pauvre vieux mourait de ses blessures.

Le curé de Dompierre ne survécut pas
aux violences journalières du général
Gœben, qu'il avait l'heur ou le malheur de
loger dans son presbytère ; cet officier
général, hobereau insolent et grossier,
comme le qualifie M. Ramon, n'admettait
jamais le curé à sa table ; un jour, c'était
un vendredi, il voulut contraindre ce vertueux ecclésiastique à manger de la viande;
mais, malgré les menaces du général, le
curé refusa ; cette scène lui causa un tel
chagrin qu'il mourut fort peu de temps
après.

Un marchand de peaux de Lesbœufs, âgé
de vingt quatre ans, fut rencontré par cinq ou
six soldats allemands le 27 décembre dans la
matinée ; il fut emmené par eux pour qu'il
leur montrât le chemin du Transloy, distant
de trois kilomètres de Lesbœufs. A la sortie
du village, leur guide s'échappa, mais il fut
bientôt rejoint par les Prussiens, qui se
précipitèrent sur lui et le tuèrent ; à ses
cris, un habitant sortit de sa maison, mais
un soldat le poursuivit jusque chez lui et
lui porta un coup de sabre qui le blessa dans
le dos. Deux ou trois heures après, le père
du marchand de peaux ramassait le cadavre
de son fils dans les champs ; le corps de ce
malheureux était gelé, méconnaissable et
portait de nombreux coups de sabre. La
municipalité du lieu porta plainte aux autorités allemandes contre l'auteur de ces
assassinat ; c'était un officier, qui fut condamné à payer une somme de mille thalert

(3.600 fr.) à la veuve et au père de la victime.

Deux jours plus tard, le 29 décembre, un crime épouvantable fut commis à Cléry, que M. G. Ramon raconte avec une poignante indignation. Un honorable habitant de ce village, âgé de soixante-six ans, s'était trouvé dans l'obligation de faire servir à dîner à deux officiers de uhlans ; à la fin du repas, ceux-ci étaient ivres ; l'un d'eux exigea du maître de la maison une chose que ce dernier refusa. Furieux de l'opposition qu'il rencontrait, le Prussien fit saisir son hôte par l'un de ses hommes, et, après qu'il l'eut fait garrotter, il le conduisit dans une auberge où se trouvait le poste.

L'officier de uhlans ayant ouvert la porte du cabaret appliqua un violent coup de poing dans le dos du vieillard, qu'il envoya rouler près du comptoir du débitant. S'étant relevé péniblement, l'infortuné fut repoussé dans un coin de la salle par son bourreau, qui lui enfonça dans la bouche son propre foulard ; puis, sans plus d'explication, le sauvage Teuton tira à bout portant trois coups de revolver sur sa victime, qui tomba mortellement atteinte aux deux premières balles.

Ce crime odieux perpétré, l'officier prussien piétina avec frénésie la tête de sa victime, puis il ordonna à l'aubergiste de lui fournir une corde ; l'aubergiste refusa, mais il dut s'exécuter après qu'il eut reçu du forcené un coup de poing en p'eine poitrine.

Muni de la corde qu'il avait demandée, le féroce meurtrier la passa entre les dents du cadavre, qu'il fit attacher à la façade extérieure de la maison « pour le faire geler. » Il était alors une heure de la nuit.

S'acharnant avec un entêtement d'ivrogne sur le cadavre de sa victime, le capitaine de uhlans le fit ensuite attacher, les bras en croix, à la porte d'un jardin situé en face de l'auberge ; dans la main droite, on lui avait placé un sabre pour faire croire que le malheureux avait voulu frapper les ennemis.

Le cadavre demeura attaché jusqu'à onze heures du matin, et, de crainte que les habitants n'eussent la pensée d'enlever le corps de leur compatriote, un factionnaire allemand fut placé auprès du supplicié.

« Plusieurs colonnes prussiennes, dit M. Ramon, allant reprendre leurs cantonnements après avoir passé la nuit aux avant-postes, défilèrent, pendant quatre heures, devant ce cadavre presque nu, affreusement mutilé, devant ces respectables cheveux blancs, raidis, hérissés par la bise, devant cette figure de vieillard, bleuie par les coups et la gelée. Et pas un chef, en passant, ne détourna les yeux, avec émotion, de ce sanglant spectacle. »

Finalement, le cadavre fut traîné dans les rues du village. Arrivés à la porte de la maison du malheureux, ceux qui s'étaient livrés à cet amusement de sauvages jetèrent le corps sur le fumier, pour le transporter enfin dans le fournil, entre deux mannes d'ordures, où il demeura jusqu'au lendemain.

On rapporte que, le 17 janvier, deux jours avant la bataille de Saint-Quentin, de nombreuses troupes ennemies traversèrent Cléry ; les soldats allemands, qui avaient eu connaissance du crime odieux commis par les leurs dans ce village, se montraient en riant et en gesticulant l'emplacement des scènes ignominieuses des 29 et 30 décembre précédent.

A l'issue de la bataille de Bapaume, trois voitures contenant une dizaine de blessés prussiens arrivèrent à Nanancourt ; ils furent déposés à l'école des filles ; l'un d'eux ne comptait pas moins de douze blessures. Après un premier pansement, on les dirigea le lendemain sur Saint-Quentin. Quelques jours plus tard, une des religieuses de l'école mourut des suites du saisissement que lui avait occasionné la vue de ces blessés.

Un riche cultivateur de Sailly-Laurette, qui avait un fils à l'armée, fut tellement maltraité par des soldats allemands venus le 14 janvier pour faire une réquisition de beurre dans les fermes du village, qu'il mourut quelques jours plus tard.

Les soldats allemands amenaient à Flers, le 8 janvier, environ 300 chevaux qu'ils avaient réquisitionnés dans le Pas-de-Calais. Pendant leur séjour dans ce village, les Prussiens se livrèrent au pillage et brutalisèrent leurs hôtes. Un habitant de Flers,

qui avait refusé à boire à des soldats prussiens, fut poursuivi par ces derniers, le
sabre au poing ; le malheureux en éprouva
une telle commotion qu'il mourait quelque
temps après.

L'état-major prussien avait logé au presbytère pendant le séjour qu'il fit à Flers :
avant leur départ, les soldats déposèrent
des ordures dans la salle à manger. Ceux
qui avaient logé dans l'école des garçons
fracturèrent une armoire, qu'ils dévalisèrent,
emportant des livres, des atlas, des cartes
et nombre d'autres objets.

Un manouvrier de Villers-Faucon fut tué,
sans aucune provocation de sa part, par un
hussard prussien. Le patron de ce malheureux se rendit à Roisel dans le but de faire
connaître au prince Albert de Prusse le
crime dont s'était rendu coupable l'un de
ses soldats, mais « cette altesse aussi nulle
que dédaigneuse », dit M. Ramon, demeura
invisible. Ce crime resta impuni comme tant
d'autres.

A Gueudecourt, un vieillard infirme fut
brûlé dans l'incendie d'une maison allumée
par les ennemis.

A Péronne, pendant le siège, il y eut
dix-sept décès dus au feu de l'ennemi :
douze militaires, deux civils et trois femmes.

Un ardent patriote péronnais, doublé d'un
fin lettré, l'excellent M. Henri Dabot, raconte en ces termes dans ses *Griffonnages
quotidiens* la fin de deux femmes de la rue
du Noir-Lion à Péronne :

« Ma mère m'a raconté de nouveau la mort, rue du Noir-Lion, numéro 4, de sa voisine, Sophie Bachelet, la première victime du bombardement de Péronne. Maman était dans son jardin, dont le mur est mitoyen avec celui de la maison Bachelet, quand, au milieu d'un fracas effroyable, elle entendit tomber un projectile sur cette maison ; presque immédiatement, l'air fut déchiré par deux cris terribles : un obus avait broyé la pauvre Sophie.

« La très petite rue du Noir-Lion vit donc la première victime du siège de Péronne ; elle vit aussi la dernière. Mme Gérain, alerte, vive malgré ses quatre vingt-dix-neuf ans et dix mois, souffrait beaucoup de ne pouvoir se remuer à son aise dans les casemates du château. La nouvelle d'une capitulation imminente ayant circulé, elle en voulut escompter le profit et quitta immédiatement sa geôle. Elle courut, autant que son siècle presque accompli le lui permettait, vers sa demeure, au numéro 13 de la rue du Noir-Lion ; à peine avait-elle franchi le seuil de sa porte qu'un obus, probablement le dernier du bombardement, vint tomber à deux pas d'elle ; la commotion fut si forte que son corps, quoique nullement atteint, s'affaissa en laissant échapper son âme. Peu de temps après, les Prussiens, entrant dans la ville, apprenaient qu'ils avaient tué une quasi-centenaire ; cette mort leur causa un regret pour ainsi dire superstitieux. Par respect, les chefs ne voulurent pas loger leurs soldats dans la maison de la vieille ; ils la firent ensevelir dans un cercueil de chêne et enterrer sur les remparts en lui rendant de grands honneurs.

« Voilà ce que m'a raconté le petit-fils, M. Gérain, mon voisin de Péronne. »

On a évalué à soixante le nombre des blessés civils et militaires ; la moitié avait des blessures graves. Mais la mortalité a pris des proportions énormes après la reddition de la place. Les ennemis accusèrent avoir perdu 440 soldats, tués et blessés devant Péronne. Dans les deux journées des 28 et 29 décembre, les assaillants avaient lancé de six à huit mille obus sur la ville.

Le siège avait commencé le 28 décembre ; la capitulation fut signée le 9 janvier. La garnison, composée de 75 officiers et 2,950 hommes, fut faite prisonnière de guerre ; elle sortit le lendemain 10 janvier à midi, en armes, et musique en tête ; mais, arrivés à Eterpigny, nos hommes furent désarmés. Le soir, ils couchèrent dans la plaine de Rainecourt, au milieu de la neige ; le lendemain, un certain nombre d'entre eux avaient succombé ; les autres avaient les pieds gelés. Le 16, ils arrivaient au camp de Juterborg, dans le Brandebourg, où ils devaient demeurer en captivité jusqu'au mois d'avril.

Le dernier assassinat fut commis par des soldats allemands logés à Rosières, qui s'étaient rendus le 7 mai à Lihons et pas-

sèrent la nuit chez un habitant de ce village.
Une dispute s'étant produite entre l'hôte et
les Allemands, le bruit en arriva aux oreilles
des soldats du poste, qui sortirent pour réta-
blir l'ordre ; ils rencontrèrent sur la place
publique un jeune cultivateur, qu'ils crurent
être l'un des auteurs du bruit qu'ils venaient
d'entendre ; un soldat allemand lui traversa
le ventre d'un coup de baïonnette. A quatre
heures du matin, on relevait le cadavre de
ce malheureux jeune homme.

XX

POUR UN MOUTON

A convention du 28 janvier mit fin aux hostilités, mais le traité de paix ne fut signé que le 6 mai 1871.

L'occupation de nos villages par les troupes allemandes, réparties dans tout le Santerre, fut moins pénible ; cependant, les populations furent souvent en butte aux vexations des vainqueurs ; leurs mauvais traitements devaient encore produire de nombreuses victimes.

Vers la fin du mois de février, des soldats prussiens logés dans un village de la vallée de la Luce empruntèrent à un fermier le plus grand chariot qu'ils purent trouver ; il était destiné à contenir les réquisitions qu'ils devaient aller faire dans les pays voisins ; ils se rendirent dans un gros village du Santerre, et y enlevèrent une soixantaine de moutons ; ils en prenaient six dans une ferme, huit dans une autre, dix dans une troisième ; en arrivant, ils remettaient au fermier un reçu du montant de la réquisition qu'ils avaient à faire chez lui.

Les conducteurs du chariot étaient tous en état d'ivresse ; un mouton s'était échappé sans qu'ils l'eussent remarqué. Ils arrivèrent chez le dernier fermier pour y prendre les dix moutons qui devaient compléter le total de leur réquisition. Les dix bêtes déposées dans le chariot, l'un des soldats allemands vérifia le nombre des moutons réquisitionnés : il en manquait un Il ne trouva rien de plus simple que d'entrer dans la bergerie et d'y choisir un onzième mouton. Le fermier, qui était demeuré là, fit observer au soldat que son reçu portait dix moutons et qu'il ne lui en laisserait pas prendre un de plus. Une dispute s'engagea, qui fut suivie d'une bousculade.

A la vue de leur camarade aux prises avec le fermier, fort gaillard qui allait avoir le dessus, les autres Allemands accoururent prendre part à la lutte ; comme sur chaque champ de bataille, ils déployèrent un beau courage, parce qu'ils étaient cinq contre un. Ils reçurent de terribles coups de poing de leur adversaire, qu'ils eurent grand mal à abattre ; ils le laissèrent étendu sur le fumier, les habits en lambeaux, le corps meurtri et la figure ensanglantée. Quand ils le virent dans l'impossibilité de remuer, l'un d'eux s'empara d'un onzième mouton, et tous reprirent le chemin du village où ils logeaient.

La femme du fermier, qui allaitait un enfant nouveau-né, avait assisté, paralysée par la peur, à la fin de cette scène. Après le départ des Prussiens, elle courut auprès de son mari, qui demeurait étendu sans mouvement à la porte de la bergerie.

Aux appels déchirants de la pauvre femme, les voisins arrivèrent en toute hâte. Un médecin fut appelé ; il ne put se prononcer sur l'état du fermier, qui avait perdu connaissance ; transporté dans son lit, il y fut pris d'un délire qui ne devait point le quitter. Vingt quatre heures plus tard, il mourait sans avoir recouvré ses sens.

Le désespoir de sa jeune veuve était navrant ; il faisait peine à voir ; son émotion fut telle que son sang tourna ; une fièvre intense l'obligea de s'aliter ; le surlendemain, son enfant mourait des suites d'un mauvais allaitement : c'était la seconde victime.

La nuit suivante, la mère, prise d'un délire violent, expirait au milieu d'une lutte qu'elle semblait soutenir pour repousser un ennemi imaginaire : la troisième victime venait de succomber. Cette ferme, où, un an auparavant, tout souriait à ses hôtes, était maintenant déserte.

Quant aux soldats prussiens, auteurs de cette tragédie, ils avaient quitté le village après qu'ils eurent complété leur réquisition ; ils signalèrent leur retour dans la commune où ils logeaient par des chants avinés et des danses grotesques. Les moutons qu'ils ramenaient furent aussitôt dépouillés sur la place publique ; cette besogne terminée, ils furent replacés dans le chariot, que l'on conduisit dans la prairie, à l'extrémité du village. Cette provision de viande n'était sans doute pas nécessaire puisque, un mois plus tard, le chariot se trouvait encore à la même place avec son contenu.

L'hiver de 1870-1871, on le sait, fut très rigoureux, mais un printemps précoce lui succéda ; le mois d'avril fut particulièrement doux ; il se produisit des chaleurs presque accablantes.

Exposés à un soleil ardent, les moutons du chariot — qui n'avaient point été ouverts — entrèrent bientôt en décomposition. Des plaintes de la part des habitants se produisirent ; les autorités locales intervinrent auprès du colonel prussien pour qu'il mît un terme à ce foyer d'infection. Non seulement il ne fut pas fait droit à ces justes réclamations, mais la municipalité reçut l'ordre de n'avoir plus à s'occuper de cette question.

L'odeur nauséabonde qui se dégageait des moutons en putréfaction incommodait tous les habitants ; seuls, les Allemands paraissaient ne point en souffrir.

Bientôt, plusieurs cas de petite vérole se déclarèrent dans les habitations du voisinage du chariot de moutons ; en quelques heures, ceux qui en étaient atteints furent emportés Or, comme les soldats de Guillaume avaient une peur bleue de cette épidémie, ils déguerpirent au plus vite pour aller s'installer dans un autre village du Santerre.

Sans perdre un instant, le maire rassembla un groupe de terrassiers aussitôt après le départ du dernier soldat prussien, et fit creuser un fossé dans la prairie pour y enfouir les moutons.

Trois jours plus tard, le typhus se déclarait dans l'espèce bovine ; cette maladie, éminemment contagieuse, n'épargna aucune bête à cornes ; elles furent toutes abattues et enfouies.

Telles ont été, pour le vol d'un mouton, les conséquences désastreuses de cette mauvaise action.

Qui nombrera les faits du même genre qui se sont produits dans cette guerre néfaste et qui ont eu des suites aussi déplorables ?

XXI

RETOUR DE CAPTIVITÉ

Un décret du 11 octobre 1870 appela sous les drapeaux les gardes nationaux mobilisés, c'est-à-dire tous les célibataires ou veufs sans enfants de 20 à 40 ans.

Les mobilisés de l'arrondissement de Montdidier, d'un effectif nominal de 1,120 hommes, formaient neuf compagnies, qui composaient le 3ᵉ bataillon de la 3ᵉ légion de la Somme.

Ces hommes, arrachés à leurs foyers, se rendirent par petits groupes aux endroits qui leur avaient été assignés ; ils partirent sans enthousiasme pour accomplir leur douloureux devoir.

Vers le milieu du mois de novembre, le colonel Robin commençait l'organisation sérieuse de ces nouvelles recrues. Ce n'était pas une mince besogne, car la presque totalité de ces hommes n'avait jamais tenu un fusil.

Le jour de la bataille de Dury, les mobilisés du 3ᵉ bataillon furent évacués vers Saint-Pol et Hesdin. Le 29 novembre, le maire de Péronne était avisé que ce bataillon arriverait dans sa ville le lendemain pour y prendre ses cantonnements.

Provisoirement, 940 hommes furent détachés dans les villages des environs de Péronne, parce que la caserne regorgeait de soldats.

Le jour de l'investissement de cette place par l'armée allemande (28 décembre), les mobilisés de Montdidier se trouvèrent enfermés avec le reste de la garnison, formant un effectif total de 3,500 hommes.

Le lundi 9 janvier, à onze heures du soir, la capitulation était signée à Cartigny.

Le lendemain, à une heure de l'après-midi, 75 officiers et 2,950 hommes partaient en captivité.

J'ai connu l'un de ces soldats ; il s'appelait Numa B.... C'était un faiseur de bas au métier, qui allait atteindre la quarantaine. Il partit avec son frère, moins âgé que lui de quelques années, laissant chez eux leur mère veuve et une sœur, dénuées à peu près complètement de ressources.

Natif du canton de Moreuil, Numa B... n'avait peut-être pas été quatre fois en sa vie dans ce bourg. Je ne sais s'il avait jamais vu Montdidier et je n'oserais affirmer qu'il se fût rendu plus de deux fois à Amiens. Travaillant pour les bonneteries de Villers-Bretonneux, il ne quittait son village que pour aller porter les bas qu'il avait fabriqués et prendre la laine qui lui était remise pour confectionner d'autres bas. Désormais, « il allait voir du pays », suivant son expression.

Très observateur et doué d'une excellente mémoire, Numa B... m'a fait à son retour de captivité un récit très détaillé de ce qu'il avait vu. J'ai noté alors ce qui m'avait le plus intéressé. Ce sont ces notes prises il y a trente ans que je remets sur pied.

Je laisse la parole au narrateur.

Après l'entrée des Prussiens à Péronne, le clairon nous appela pour le défilé. Rien n'était plus morne, plus attristant que notre départ de la ville, au milieu d'une population abattue, désespérée.

C'est au hameau de La Chapelette, où l'on nous fit faire halte, qu'il fut procédé à notre désarmement. Mais, au préalable, chacun de nous avait brisé ou tordu son arme pour qu'elle ne pût servir.

Nous nous mîmes en marche sous l'escorte d'un escadron de uhlans et de deux compagnies d'infanterie. Nous étions serrés comme un troupeau de moutons. On nous fit suivre d'abord la route de Lille, en passant par Eterpigny et Villers-Carbonnel ; à son intersection avec la route d'Amiens, on nous fit prendre à droite, et nous traversâmes Estrées et Foucaucourt. Arrivés en face de Rainecourt, on nous fit obliquer à gauche pour nous faire prendre un chemin vicinal. Il y avait six heures que nous marchions ; la nuit était venue. On nous fit faire halte dans la plaine, au milieu de la neige ; c'est là que nous devions passer notre première nuit de captivité. Le lendemain, tout le monde ne se réveilla point ; un certain nombre de nos camarades étaient morts de froid ; d'autres eurent les pieds gelés.

Le mercredi, vers onze heures, nous nous remettions en marche ; nous traversions Chaulnes, Nesle, et arrivions le soir à Hombleux où nous devions passer la nuit ; on nous fit coucher dans l'église et dans les granges. Nos gardes-chiourmes nous firent servir à manger pour la première fois depuis notre départ.

Le 12 janvier, nous nous mettions en marche de bonne heure ; nous traversions Ham, Tergnier, Flavy-le-Martel, et arrivions à La Fère le soir ; l'étape avait été longue, aussi étions-nous tous à bout de forces. Notre marche avait duré dix heures et nous n'avions pris aucun aliment. On nous fit entrer dans la caserne, où les habitants nous apportèrent à manger et nous entourèrent de mille soins.

Le vendredi 13 janvier, vers dix heures, on nous faisait monter en chemin de fer, et c'est le mercredi suivant 18 janvier, à cinq heures et demie du matin, que nous arrivions à destination. Nous avions traversé Laon, Reims, Épernay, Bar-le-Duc, Toul,

Lunéville, Haguenau, Wissembourg, Francfort.

Jusqu'à la frontière, un certain nombre de nos camarades parvinrent à s'échapper, grâce à la complicité des habitants, qui leur donnaient des vêtements civils.

C'est à Juterbock, ville de cinq à six mille âmes, dans le Brandebourg, à 80 kilomètres sud-ouest de Berlin, que nous devions être internés. Sur le quai de la gare, nos gardiens nous comptèrent, et, en route pour notre destination. La neige, amoncelée et durcie par la gelée, rendait la marche fort pénible ; nous mîmes deux heures pour franchir les quelques kilomètres qui séparaient la gare du camp où nous allions être parqués.

On nous fit entrer dans des baraques en planches larges de sept mètres environ et d'une longueur variant de quarante à quarante-cinq mètres. Le toit, également en planches, était couvert de carton bitumé ; de distance en distance, des lanterneaux laissaient pénétrer le jour à l'intérieur.

Chaque baraque, pourvue de quatre poêles, contenait deux rangées de lits de camp, garnis d'une paillasse, d'un traversin de paille et de deux vieilles couvertures.

Quelques jours après notre arrivée, le commandant prussien sous la surveillance duquel nous étions placés, vint nous passer la revue dans la neige, où nous en avions jusqu'à mi-jambe. Nous étions là depuis deux heures et demie lorsqu'une bourrasque de neige fit rentrer tout le monde dans les baraques.

Ce n'était point chose facile que de quitter le camp pour se rendre à Juterbock, qui est un bourg assez ancien, mal bâti, aux rues étroites, sinueuses et mal pavées, aux maisons construites en bois et en torchis, couvertes de tuiles.

Le matin, à six heures, on nous donnait du café ; à midi, de la soupe et du lard ; à quatre heures, de la soupe. Il y avait assez de variété pour ce qui s'appelait la soupe : tantôt c'était du riz, tantôt des haricots, tantôt du millet, le plus souvent de l'hivernage. Mais, quand l'eau faisait défaut par suite du mauvais fonctionnement des pompes, on se passait de tout. Un pain noir, sur lequel avaient été jetés des grains d'anis, nous était remis tous les cinq jours.

Nous étions arrivés à peine de huit jours, que la petite vérole se déclara, puis ce fut la dysenterie. Les mobiles et les mobilisés, moins aguerris que les soldats de l'armée active, furent seuls atteints. Bientôt, par le manque de soins, les décès se produisirent avec une multiplicité effrayante.

Cette circonstance nous délivra des visites importunes que, depuis les premiers jours, nous rendaient les indigènes, venus quelquefois de très loin, pour satisfaire leur curiosité, et insulter, par leur arrogance, à notre malheur. Des familles entières, comprenant le père, la mère, les enfants, des parents, des amis, tous portant un bonnet à poils et couverts de longues robes de peaux, se faisaient amener au camp dans de mauvais chariots ; c'était pour eux une partie de plaisir. L'élément campagnard dominait parmi ces curieux ; la plupart de ces paysans, qui regardaient bouche bée et les yeux grands ouverts, avaient fait le chemin à pied ; les autres étaient venus dans des traîneaux couverts, conduits par des chevaux ou par des chiens.

Les bruits les plus divers et les plus contradictoires circulaient dans nos baraques. Les premières lettres de France n'arrivèrent que le 4 février. Comme elles furent bien accueillies de tout le monde ! Car, malgré le caractère intime de ces lettres, il fallait que le destinataire en fît la lecture à haute voix

Pour l'envoi de nos lettres, nous étions limités dans le nombre ; il ne nous était pas permis d'en écrire plus de quinze par semaine pour chaque baraque ; celles qui dépassaient ce chiffre ne partaient pas.

Trois semaines après notre arrivée, le combustible nous fit défaut. Il était impossible de se rendre à la forêt pour notre approvisionnement de bois de chauffage : l'épaisseur de la neige dans la plaine était au moins de un mètre cinquante centimètres ; et, avec cela, un vent d'une violence inouïe ne permettait point de mettre le nez dehors.

En guise de charbon, nos poêles étaient alimentés par une sorte d'argile employée par les ménages pauvres de cette partie de la Prusse ; ce combustible dégageait fort peu de chaleur, mais il produisait une épaisse fumée.

Les vexations de nos gardiens étaient aussi fréquentes que variées. Pour la moindre peccadille, ils prononçaient la peine du piquet contre les captifs. Deux soldats prussiens venaient chercher le coupable, qu'ils conduisaient en plein air et l'attachaient à un poteau, où il devait rester un temps déterminé ; une sentinelle était placée auprès de lui ; mais la rigueur de la température fit renoncer à ce genre de punition, aussi funeste au coupable qu'à son gardien ; on était souvent obligé de les rapporter tous les deux aux trois quarts gelés. La schlague et la prison remplacèrent l'attache au poteau.

Mais s'il est une torture, une épreuve de tous les instants, c'est bien celle qui nous fut infligée par un compagnon d'infortune, qui ne tarda pas à infester toutes les baraques, où il pullulait avec une fécondité étonnante.

Vers la mi-février, la pluie amena le dégel. Ce n'était pas trop tôt. Le thermomètre était descendu à 32 degrés centigrades au-dessous de zéro.

L'armistice du 26 janvier nous fut connu le 25 février. Cette nouvelle fut fêtée de singulière façon par nos gardiens : ils assommèrent littéralement à coups de bâton et de tabouret les captifs qui se trouvaient tranquillement assis et sans mot dire dans les cantines.

Pendant les grands froids, il n'était point rare d'apercevoir dans la plaine, à des distances assez rapprochées, des bandes de loups que la faim avait chassés de la forêt voisine ; ils poussèrent même parfois l'audace jusqu'à venir chercher des os dans les débris des cuisines. Plusieurs fois, les sentinelles prussiennes essayèrent sans succès leur adresse sur ces carnassiers ; les coups de feu n'avaient d'autre résultat que de faire détaler au plus vite les fauves vers la forêt.

La température s'étant quelque peu adoucie vers la fin du mois de février, il y eut une recrudescence de malades, et les décès augmentèrent dans des proportions fort inquiétantes.

Dans les premiers jours de mars, le bruit courut dans nos baraques de notre prochaine libération. Nos cerbères nous en donnèrent l'assurance. Bien peu d'entre nous ajoutaient foi à ces dires.

Le 6 mars, les officiers seuls furent autorisés à se faire inscrire pour retourner en France à leurs frais. Mais c'est seulement dix ou douze jours plus tard que les simples soldats furent admis à jouir du même avantage.

Quant à ceux qui, comme moi, n'avaient pas l'argent nécessaire pour acquitter les frais du voyage, — et nous étions en très grand nombre dans ce cas, — il leur fallut encore attendre de longs jours.

Les soldats lorrains et alsaciens partirent les premiers ; ils quittèrent le camp le 15 mars. Trois jours plus tard, c'était le tour de ceux de nos camarades qui avaient assez d'argent pour faire face aux frais du voyage.

Malgré les promesses alléchantes des officiers prussiens qui faisaient entrevoir un rapide avancement dans l'armée allemande à ceux des prisonniers qui consentiraient à devenir sujets de Guillaume, aucun Français ne voulut abandonner sa nationalité. Ces recruteurs en furent pour leurs frais ; on leur rit au nez.

Le départ des favorisés de la fortune jeta comme une ombre de tristesse sur les pauvres hères sans le sou, innocentes victimes d'une lutte insensée, dont la détresse inspirait la plus profonde pitié. Malgré tout, la gaieté française, qui ne perd jamais ses droits, nous faisait prendre nos maux en patience. Nous chantions nos souffrances ; des poètes composèrent des chansons sur toutes nos tortures, nos angoisses, notre martyre ; l'une d'elles eut un succès prodigieux ; c'est celle qui fut consacrée à certain parasite sous les morsures duquel nous étions menacés de succomber.

Malgré notre infortune, nous nous estimions encore heureux de pouvoir rentrer dans nos foyers dans toute notre intégrité. Rien ne s'oublie aussi vite que les souffrances passées. Le soldat qui revient sans avoir été blessé se félicite d'être indemne ; celui qui a perdu un membre ou un œil se réjouit de n'être point privé de ses deux bras, de ses deux jambes ou de ses deux yeux ; celui qui serait le plus en dro't de maudire la guerre, ne peut le faire : c'est celui qui a été tué.

Notre captivité ne devait prendre fin qu'au mois d'avril. En quittant le camp de Juterbock, dans le cimetière duquel reposaient pour toujours un certain nombre des nôtres, nous fûmes dirigés sur l'embouchure de l'Elbe. Une escadre française nous attendait pour nous rapatrier. Notre séjour forcé en Prusse avait duré trois mois.

.*.

Tel est le résumé de la relation orale qui m'a été faite il y a trente ans par l'un des infortunés captifs. Les fatigues, les privations de toutes sortes qu'ils eurent à supporter jusqu'à la capitulation de Péronne ne furent rien en comparaison des souffrances physiques et morales qu'ils éprouvèrent pendant la durée de leur internement en Prusse. La nourriture grossière et insuffisante qui leur était servie, les vexations, les mauvais traitements de leurs gardes-chiourmes, que les constants succès des armées allemandes n'avaient cependant pas rendus humains et généreux, tout cela détermina des épidémies qui firent bien des victimes parmi les captifs. Ces décès multipliés sur une terre inhospitalière, loin de la France, loin de la maison natale, impressionnaient toujours péniblement les survivants.

Un autre prisonnier de guerre m'a fait un récit aussi navrant de sa captivité à Glogau, ville de Silésie peu éloignée de la Pologne. Il n'attendit point d'être rapatrié par le gouvernement ; il partit à ses frais, — ce qui lui coûta soixante-quinze francs ; il traversa successivement la Prusse et l'Allemagne ; après Sarrebruck, qui était la dernière station allemande avant la guerre, il allait entrer dans les pays annexés La station suivante était Forbach, en Lorraine. Le bruit s'était répandu dans ce gros village du passage d'un train de prisonniers de guerre rentrant de captivité ; ce fut comme une traînée de poudre. Tous les habitants, hommes, femmes, enfants, vieillards se portèrent en foule à la gare. Dès que le train fut en vue, toutes les têtes se découvrirent, et, lorsqu'il s'arrêta, les quais et la voie furent envahis par toute la population, compacte, pressée, qui poussait des vivats retentissants et acclamait les soldats français.

Les fonctionnaires allemands, qui n'avaient pu s'opposer à cet envahissement, tentaient tous les efforts possibles et imaginables pour refouler la populace. Ce fut en vain. Le chef de gare reçut l'ordre d'abréger le temps d'arrêt du train, mais la foule continua d'obstruer intentionnellement la voie. Et les acclamations reprenaient avec une nouvelle intensité.

Des mères, tenant sur leurs bras de tout petits enfants sachant à peine parler, leur faisaient crier :

— Vive la France ! Vive l'armée !

Les hommes disaient aux rapatriés qui s'étaient tous précipités aux portières et agitaient leur képi en signe de remerciement :

— Vous avez bien souffert, vous aussi ! Mais vous êtes arrivés au terme de vos maux. Vous allez rentrer en France, d'où nous avons été brutalement arrachés. A votre retour, dites bien que nous restons attachés de cœur à notre chère patrie. Nous subissons le joug de ces hommes, ajoutaient-ils en désignant les casques à pointe des soldats allemands, mais nous resterons toujours Français.

Le chef de gare et ses employés, les soldats et les fonctionnaires étaient sur les dents et ne savaient où donner de la tête ; ils étaient impuissants à faire taire les manifestants. Les bourrades avaient pour effet d'amener un redoublement dans le battement des mains et d'augmenter les cris et les hourras.

Bientôt, un coup de sifflet strident fend les airs ; le train s'ébranle ; la voie est enfin débarrassée des curieux qui l'obstruaient. Des adieux déchirants sont adressés aux soldats français par les nouveaux sujets de Guillaume ; la plupart d'entre eux pleurent

à chaudes larmes ; les casquettes, les cha-
peaux, les mouchoirs sont encore agités que
le train a disparu dans le lointain.

Mon interlocuteur, en me racontant cet
épisode de son retour, se trouvait encore
étreint par un sanglot qui lui brisait la voix ;
aujourd'hui même, à trente ans de distance,
il ne rappelle jamais ce souvenir sans éprouver une émotion poignante, que partagent
toujours ses auditeurs.

XXII

BLESSÉ APRÈS LA CAMPAGNE

LE désastre de Sedan des 1er et 2 septembre, d'abord tenu secret à Paris, n'y fut connu que le 4 septembre. La déchéance de l'empereur fut aussitôt prononcée et la République proclamée.

Le gouvernement provisoire, dit de la Défense nationale, continua la lutte si légèrement engagée. Il ordonna l'appel des soldats de la classe 1870, qui devaient tirer au sort en 1871.

A Moreuil, ces jeunes gens furent convoqués le 10 septembre pour la conscription et pour le conseil de revision qui siégeait en même temps.

Les conscrits déclarés propres au service militaire ne tardèrent pas à être incorporés dans l'armée du Nord, alors en formation.

Il n'y avait point de temps à perdre. L'une des armées allemandes victorieuses à Sedan marchait à grandes journées dans la direction de la Picardie.

Dès le 9 septembre, on ne délivrait plus

de billets de voyageurs d'Amiens à Tergnier.

Le même jour, les mobiles de la Somme faisaient leur entrée à Paris aux acclamations de la foule.

Le lendemain, au marché de Péronne, il n'y avait point de grains.

Trois jours plus tard commençait l'œuvre de destruction des chemins de fer : on faisait sauter le pont de l'Ingon, entre Nesle et Ham ; les trains n'allaient plus que jusqu'à Chaulnes, car Tergnier était occupé par l'ennemi. Le pont sur l'Oise et le viaduc de Chantilly ayant été détruits, les relations entre Amiens et Paris n'existaient plus que par la ligne de Pontoise.

Le 15 septembre, les journaux n'arrivaient plus guère.

C'est le 24 novembre que quelques soldats de la jeune armée du Nord prirent pour la première fois contact avec l'ennemi au combat de la Maison-Blanche, ainsi qu'on l'a vu au chapitre II.

Dans cette rencontre se trouvait un jeune conscrit du canton de Moreuil, soldat de la classe de 1870, nommé Charles T... Et, particularité bizarre, c'est dans une pièce de terre appartenant à son père qu'il tira son premier coup de fusil.

Après cette escarmouche, il prit part avec son régiment, le 43ᵉ de ligne, à tous les engagements, à tous les combats, à toutes les batailles livrés par l'armée du Nord : à Villers-Bretonneux, à Pont-Noyelles, à Bapaume, à Saint-Quentin. Doué d'un sang-froid admirable, il se comporta toujours avec une bravoure à toute épreuve ; il faisait le coup de feu avec le calme d'un vieux grognard.

Fils unique d'un cultivateur, dorloté par une mère qui l'aimait tendrement, on ne l'entendit néanmoins jamais se plaindre pendant toute la durée de la campagne de ce qu'il était mal nourri, mal vêtu, mal couché.

Après la bataille de Pont - Noyelles, l'armée du Nord se retira dans le Pas-de-Calais. Les parents de Charles T... ne recevant point de nouvelles de leur fils s'imaginèrent qu'il avait pu être tué ou tout au moins blessé. N'y tenant plus, son père partit un beau jour au hasard à la recherche de l'armée de Faidherbe.

Presque tous les villages du Santerre étaient occupés par les Allemands, et leurs éclaireurs sillonnaient les routes et les chemins. Aussi, le père T... dut employer toutes les ruses possibles et imaginables pour arriver au terme de son voyage. Lorsque, au péril de mille dangers, il eut traversé les lignes prussiennes, il eut à surmonter des difficultés d'un autre genre pour retrouver l'armée du Nord. Inexactement renseigné, il se livrait à des marches et à des contre-marches inutiles ; il demeurait parfois des journées entières sans pouvoir se procurer, même à prix d'or, un morceau de pain ; les habitants des villages qu'il traversait avaient été tellement rançonnés par les soldats prussiens qu'ils manquaient eux-mêmes du nécessaire.

Le soir venu, rompu de fatigue, dévoré d'inquiétude, le père T... se voyait réduit à solliciter l'hospitalité quelquefois à plusieurs portes successives et il s'estimait heureux lorsque, comme pour un chemineau, on daignait lui accorder la faculté de passer la nuit dans une grange.

Il y avait environ dix jours que le pauvre père errait ainsi à l'aventure à la recherche de son fils, quand, ayant pénétré dans un village des environs de Bapaume, il aperçut des pantalons rouges. C'étaient les premiers qu'il remarquait depuis qu'il courait le pays. A cette vue, son cœur battit avec violence, et une larme coula sur sa joue.

Il était midi. Un pâle soleil de décembre éclairait la rue. Tout à coup, à l'aspect d'une scène inoubliable pour lui, le père T... s'arrêta pour se rendre compte de ce qui frappait ses regards.

Un groupe de soldats, assis sur le sol en face de la porte cochère d'une ferme, avaient mis habits bas et se livraient à un genre d'occupation qui eut pour effet de faire mouvoir au père T... ses épaules d'avant en arrière afin d'opérer un frottement de ses vêtements sur sa peau comme s'il avait éprouvé des démangeaisons dans le dos. Un frisson lui parcourut tout le corps lorsqu'il se rendit un compte exact de la besogne à laquelle se livraient ces infortunés jeunes gens. Le lecteur a deviné qu'ils débarrassaient leurs habits de la vermine qui y avait élu domicile.

Ce spectacle répugnant avait pour ainsi dire cloué sur place le père T...; il se trouvait comme paralysé. L'ombre qu'il produisit sur l'un des soldats par le mouvement qu'il fit pour essuyer une larme donna au soldat l'occasion de lever la tête. Au même instant, deux cris s'échappèrent :

— Charles !

— Papa !

Le père T... et son fils venaient de se reconnaître ; ils se précipitèrent dans les bras l'un de l'autre ; puis ils s'adressèrent mille questions.

Charles T... commença par rassurer son père sur son compte, lui déclarant que, depuis le premier jour de son arrivée sous les drapeaux, il n'avait jamais été malade ni reçu la moindre égratignure. Il lui fit ensuite en ces termes le récit fidèle de la bataille de Pont-Noyelles :

« Le froid, qui était très vif avant cet engagement, avait repris avec une intensité nouvelle, et, dans la nuit du 22 au 23, plusieurs soldats aux grand'gardes étaient tombés morts, victimes de la température.

« Le lendemain 23, le sol était couvert d'un épais verglas. Vers dix heures et demie, les Prussiens ouvraient le feu par une grêle d'obus ; il fallait qu'on nous fît coucher sur le sol glacé pour nous mettre à l'abri de la mitraille.

« Le général Manteuffel disposait de

trente-cinq mille hommes. Faidherbe avait un effectif à peu près égal à lui opposer. Le choc fut rude.

« Après une vive fusillade, les deux armées s'avancent l'une contre l'autre. La lutte va se continuer par un corps à corps. L'artillerie cesse son feu ; les deux infanteries s'abordent à l'arme blanche. La lutte prend des proportions inusitées. Nous entrons dans Pont-Noyelles, où nous massacrons les Allemands qui n'ont pu battre en retraite. Mais une partie des nôtres s'élance en désordre dans Querrieu. Un retour offensif des Prussiens force ceux d'entre nous restés à Pont-Noyelles de battre en retraite.

« Nos troupes sont reformées ; les clairons et les tambours sonnent et battent la charge. Surpris inopinément, les ennemis reculent ; nous les poursuivons jusqu'à l'entrée de Pont-Noyelles, où, toutefois, nous n'entrons pas. La fusillade s'éteint vers six heures un quart. A six heures et demie, la bataille est terminée. Les deux armées campent sur leurs positions du matin.

« Une partie des soldats allemands allèrent coucher à Amiens, tandis que le reste logea dans les maisons des villages environnants, bien qu'elles fussent à demi incendiées. Nous dûmes bivouaquer sur le plateau qui domine Pont-Noyelles. Cette nuit, le thermomètre descendit à douze degrés au-dessous de zéro. Il ne fallait pas songer à s'étendre sur le sol pour jouir d'un repos justement mérité.

« Pour nous procurer du bois, nous devions nous rendre à de grandes distances ; la proximité de l'ennemi, jointe à une nuit très sombre, ne permettait guère de nous éloigner du camp.

« Le général du Bessol, le général Derroja, leurs états majors et leurs commandants de brigade passèrent la nuit assis sur des sacs auprès des feux de bivouac. En voyant ainsi nos chefs partager nos souffrances, nous nous trouvions réconfortés. Mais, d'instant en instant, on n'en voyait pas moins des hommes s'affaisser sur la terre glacée, victimes de la fatigue et du froid. Quelques-uns de ces pauvres camarades étaient pieds nus ; les autres n'étaient guère protégés contre la gelée par leurs chaussures aux semelles de carton.

« Les mobiles, insuffisamment vêtus n'avaient ni manteau, ni capote ; nous eûmes pitié d'eux, et leur prêtâmes notre capote ; ils endurèrent ces souffrances et ces misères avec une patience et un courage vraiment héroïques.

« Pour nous réchauffer, nous ne disposions même pas d'une goutte d'eau-de-vie.

« Le lendemain, vers huit heures, nous étions tous sous les armes. On s'attendait à voir l'ennemi reprendre l'offensive. Mais il demeura dans ses cantonnements. Vers deux heures de l'après-midi, l'ordre nous fut donné de battre en retraite. Il eût été dangereux de nous faire passer une seconde nuit au même endroit par un froid aussi vif.

Nous prîmes la direction d'Arras, que nous occupâmes, ainsi que les villages environnants, le 26 décembre. Mais, sur notre route, nous laissâmes environ deux mille malades, éclopés ou traînards, dont se saisirent les ennemis, qui nous poursuivirent jusqu'à Bresles, sans jamais, toutefois, se montrer à nos arrière-gardes. »

Le père T... put s'entretenir librement avec son fils pendant les quelques jours de repos qui furent accordés à nos troupes.

Ce repos fut mis à profit pour faire aux soldats des théories et des exercices, car le plus grand nombre d'entre eux n'avaient aucune notion du métier militaire.

Le froid persistant, il fut distribué des gilets de laine et des chaussettes à un tiers des bataillons. Pour ceux qui n'eurent point part à cette libéralité, l'ordre du jour suivant leur fournit le moyen de se garantir du froid :

« Je recommande, comme précaution essentielle, de faire graisser l'intérieur de la chaussure des hommes, tant comme préservatif contre le froid que pour rendre la chaussure plus douce, en attendant la distribution des chaussettes de laine.

« La distribution de la graisse sera faite en même temps que celle des cartouches. »

Cette mauvaise plaisanterie fut accueillie sans murmure par nos pauvres soldats, grelottant sous de mauvais vêtements, dans une région où le commerce et la fabrication de la bonneterie de laine sont si importants.

Là encore, il devait y avoir quelque entrepreneur ayant le monopole de la fourniture.

Quelques jours plus tard, le 1ᵉʳ janvier, toute l'armée du Nord se mettait en marche et occupait une position offensive en avant d'Arras. Le lendemain, vers huit heures et demie du matin, elle s'avançait sur Achiet; elle rencontra l'ennemi vers onze heures ; le combat fut aussitôt engagé, qui se termina à quatre heures et demie environ. Les Prussiens durent battre en retraite.

Le soir venu, Faidherbe établit son quartier général à Achiet ; les fantassins furent logés dans les maisons de ce village et dans celles des localités environnantes. Quant à l'artillerie, elle demeura attelée et prête à marcher. La nuit fut froide ; une neige épaisse couvrait le sol ; aussi, beaucoup de chevaux moururent.

Le 3 janvier, l'armée du Nord se mettait en marche vers huit heures du matin pour commencer l'attaque. Une heure et demie plus tard, la bataille était engagée ; elle devait se continuer jusqu'à trois heures et demie ; les Prussiens reculèrent sur toute la ligne, et, le soir, l'armée française couchait sur leurs positions.

A la suite de ce combat de Bapaume, glorieux pour les nôtres, mais meurtrier, le général Faidherbe, au lieu de se porter au secours de Péronne, donna l'ordre de battre en retraite sur Arras.

Le 7 janvier, l'armée française se mettait en mouvement ; le 14, elle s'avançait jusqu'à Albert, qu'elle quittait le 16, dans la matinée, pour prendre la direction de Saint-Quentin ; ce jour-là et le lendemain, les soldats marchèrent sur le verglas depuis le matin jusqu'à dix heures du soir sans prendre le temps de faire la soupe. Le 18, nos troupes opéraient, de grand matin, un mouvement qui se continua jusqu'à dix heures du soir ; elles durent en outre se battre pendant une partie de la journée, et n'eurent pas encore le temps de faire la soupe. Le 19, dès quatre heures du matin, elles allaient occuper les cantonnements qui leur avaient été assignés près de Saint-Quentin. Elles eurent à peine le temps de prendre un peu de nourriture avant de soutenir le combat, qui s'engagea de très bonne heure.

Les Français perdirent plus de trois mille hommes, tant tués que blessés, et les Allemands laissèrent trois mille cinq cents hommes sur le champ de bataille de Saint-Quentin.

Le général Faidherbe se retira avec ses troupes à Cambrai ; il leur fit faire près de quarante kilomètres pendant la nuit, et, le lendemain, elles arrivaient à Cambrai après une marche forcée.

A la bataille de Saint-Quentin, les mobilisés furent à peine engagés ; les mobiles se comportèrent comme de vieux soldats et se firent tuer en grand nombre ; quant aux troupes régulières, elles déployèrent tant d'héroïsme qu'elles firent l'admiration de la France entière.

Quinze jours plus tard, l'armée du Nord, que les Prussiens prétendaient avoir écrasée, se relevait plus vaillante que jamais. La bataille de Saint Quentin fut la dernière lutte qu'elle engagea dans la région du Nord. Elle était campée aux environs de Lille, de Cambrai, de Douai, d'Arras, etc., lorsqu'elle fut informée, le 29 janvier, d'un armistice de vingt et un jours signé la veille à Versailles par Jules Favre et par Bismarck.

Sur un ordre du ministre de la guerre, l'embarquement de l'armée du Nord eut lieu le 18 février à Dunkerque à destination de Cherbourg. Elle était à peine arrivée en Normandie, qu'on la dirigeait sur Paris, où des troubles venaient de se produire. Mais les régiments de mobiles avaient été licenciés et les hommes renvoyés dans leurs foyers.

Pendant le second siège de Paris, contre les insurgés de la Commune, 8.000 hommes de l'armée du Nord campèrent au Trocadéro; ils firent l'admiration des Parisiens par leur excellente tenue. Ils se distinguèrent à Asnières, à Neuilly, au Bois de Boulogne et aux Buttes-Montmartre, dont ils s'emparèrent.

Enfin, l'émeute était définitivement vaincue le 28 mai, jour de la Pentecôte.

Charles T... avait pris part à toutes les opérations de l'armée du Nord sans qu'il lui arrivât jamais le plus petit accident. Plus d'une fois, il vit tomber ses camarades à ses côtés, les uns raides morts, les autres grièvement blessés ; quant à lui, il fut toujours épargné.

Depuis plusieurs jours, Paris avait fait sa soumission à l'armée de Versailles. Le calme était revenu. La gare du Nord se trouvait occupée par le bataillon auquel appartenait Charles T... ; ce dernier avait été chargé de préparer la soupe dans l'une des chaudières mises à la disposition de la troupe. Ayant frotté une allumette sur le sol, il l'approcha du fourneau de la chaudière ; au même moment, une explosion formidable se produisit ; la chaudière fut brisée en mille pièces, dont les éclats furent projetés de toutes parts. Une épaisse fumée ne permit point de se rendre compte sur l'instant de la cause ni des conséquences de cette détonation.

Frappés d'une terreur panique, les témoins de cette scène s'enfuirent dans toutes les directions ; mais ils se remirent aussitôt de leur affolement et revinrent auprès de la chaudière qui venait d'éclater du fait d'un communard qui avait introduit une boîte de poudre dans le fourneau. La fumée était dissipée. Ils purent voir leur camarade étendu sur le dos, ne donnant plus signe de vie ; ses habits, ses mains, sa figure, ses cheveux étaient brûlés ; on le palpa, et, par une sorte de prodige extraordinaire, on constata qu'il n'avait reçu aucun éclat sur le corps. Quelqu'un lui appliqua la main à l'endroit du cœur ; il le sentit battre, faiblement, il est vrai. Un brancard fut aussitôt improvisé et l'on transporta Charles T... à l'hôpital. Un médecin lui donna des soins, qui le firent revenir de son évanouissement. Mais il lui était impossible d'ouvrir les paupières, horriblement brûlées ; quelques jours plus tard, elles étaient tuméfiées et la figure et les mains du blessé se trouvaient complètement noires.

Pendant plusieurs semaines, le médecin n'osa affirmer qu'il recouvrerait la vue. Cependant, la peau s'écailla par endroits ; l'inflammation disparut des paupières, qui purent alors s'ouvrir, à la grande joie du blessé. Il n'était pas aveugle ! Tout de suite, il fit parvenir un télégramme à son père et à sa mère, dont l'inquiétude était navrante.

Quelques jours plus tard, Charles T... était envoyé en convalescence dans sa famille. J'ai été lui rendre visite, et c'est de lui que je tiens le récit que l'on vient de lire. A trente ans de distance, j'ai encore le souvenir précis de ce que m'a raconté ce héros modeste, comme il y en avait tant dans l'armée du Nord. Je le vois encore avec sa figure et ses mains noires, qui le faisaient ressembler à un nègre et qui le rendaient méconnaissable.

XXIII

MÈRE D'UN PRUSSIEN

PENDANT les quelques mois qui précédèrent la folle guerre de 1870, nos campagnes étaient parcourues journellement par de petits commerçants qu'à leur accent on reconnaissait pour des étrangers. Ils offraient leurs marchandises à un prix tellement dérisoire qu'on avait défiance de leurs paroles et qu'ils ne trouvaient jamais d'acquéreurs ; c'était bien ce qu'ils voulaient, du reste. Ils se disaient presque tous Alsaciens ; ils se montraient familiers, tenaces, et, leur boniment terminé, posaient mille questions souvent indiscrètes sur toutes espèces de sujets qui, sans doute, devaient les intéresser plus que la vente de leurs marchandises.

Après le 10 juillet, tous ces soi-disant Alsaciens disparurent comme par enchantement. C'étaient des espions allemands à la solde de la Prusse. Les Français, avec la confiance aveugle qui les caractérise, ne s'en étaient jamais douté.

Quatre mois plus tard, nous devions revoir

quelques-uns de nos hôtes faisant le service d'éclaireurs dans l'armée ennemie, comme uhlans ou comme hussards.

Or, l'un de ces dignes fils de la Germanie avait autrefois établi son quartier général dans un petit bourg picard, d'où il rayonnait pour exercer son commerce.

C'était un beau jeune homme, blond, à la fine moustache soyeuse, aux manières douces, affectueuses. Il parvint à s'introduire dans une excellente famille. Il sut gagner la confiance des trois fils et, bientôt, il fut de toutes leurs parties de plaisir. Ses camarades avaient trois sœurs dont deux étaient mariées et mères de famille ; la dernière demeurait à la maison paternelle ; elle s'appelait Marie.

Le Teuton s'éprit des charmes et des grâces de la jeune fille qu'il voyait journellement ; il crut s'apercevoir que ses sentiments étaient partagés ; il fit quelques avances qui ne furent point repoussées.

Marie donna connaissance à sa mère de l'affection qu'avait pour elle le camarade de ses frères, et leur hôte eût été certainement agréé par le père, après informations, lorsque, tout à coup, d'un bout à l'autre de la France, se propagea, avec la rapidité de la foudre, une clameur sinistre :

— La guerre est déclarée !

La stupeur fut générale.

Rappelé au pays de la choucroute dans un délai de trois jours, le digne collaborateur du premier ministre de Prusse, expert,

autant que son maître, dans l'art de mentir,
dit à la jeune fille :

— Je vais retourner dans ma famille pour
prévenir mes parents et obtenir leur consentement ; j'en profiterai pour me faire délivrer
les papiers qui me sont nécessaires, afin
qu'à mon retour si, comme je le désire vivement, notre mariage doit se faire, il puisse
être célébré le plus prochainement possible.
D'un instant à l'autre, je puis être appelé
sous les drapeaux. Je pars ce soir par le
dernier train ; je voudrais bien vous voir
avant mon départ pour vous faire mes
adieux ; trouvez-vous sur le pont du chemin
qui mène à la gare.

Cette nouvelle fut accueillie avec joie par
la jeune fille, qui aimait cet inconnu avec
toute la force et toute la confiance d'un premier amour. Mais elle sentait qu'un vide
immense allait se faire dans son cœur. Elle
promit de se trouver au rendez-vous. Il lui
était si facile de tromper la surveillance
d'un père et d'une mère qui adoraient leur
dernier enfant !

Le soir, les deux jeunes gens se trouvaient
à l'endroit indiqué. Le Teuton se montra
d'abord aimable et donna toutes les marques
d'un amour ardent ; il exprima la crainte
d'être oublié dès qu'il serait parti ; son
amante protestait de toutes ses forces contre
ces soupçons injustes ; mais, en même temps,
elle ne cessait de repousser les entreprises
audacieuses de son fiancé. Celui-ci, pour
vaincre sa résistance, se montra dans toute

la laideur de son caractère : il fut violent, brutal, grossier ; c'était une brute dominée par la folie bestiale... Dans cette lutte inégale, la pauvre enfant devait être victime.

Rentrée dans sa chambre, qu'elle avait quittée furtivement, elle se jeta tout habillée sur sa couche. Elle ne pouvait trouver de repos : frissonnante au souvenir de la scène qui devait toujours hanter son esprit, elle se tordait sur son lit en de douloureuses convulsions. L'immensité de sa faute lui apparaissait maintenant sous le plus sombre aspect. Mais ces peines n'étaient que le prélude de celles qu'allaient produire les désespérances qui devaient l'accabler en gravissant son calvaire.

Les jours s'écoulaient sans qu'aucun d'eux vînt apporter des nouvelles de l'absent à la pauvre éplorée. L'avait-il donc oubliée, ou bien était-il tombé sous les balles ennemies ? C'est qu'en effet, à nos premiers revers succédaient d'autres revers. Nos armées, devenues insuffisantes, durent être grossies par de nouvelles recrues. Les trois frères et les deux beaux-frères de la malheureuse jeune fille allèrent successivement se ranger sous le drapeau ; le père lui-même, trop âgé pour s'engager dans l'armée régulière, s'enrôla dans une compagnie de francs-tireurs.

Coup sur coup, les nouvelles les plus funèbres arrivèrent aux deux femmes, à la mère et à la fille, qui demeuraient seules. Des trois frères, deux étaient tombés, mortellement atteints, l'un à Forbach, l'autre à

Reischoffen ; le troisième, fait prisonnier à Metz, avait eu la tête fracassée en voulant s'évader ; l'un des beaux-frères étant de garde en avant du camp avait été surpris, baillonné et étranglé avant qu'il eût le temps de prévenir le poste ; l'autre mourut plus tard en captivité. Quant au père, il fut pris avec ses compagnons par un gros détachement ennemi qui les avait cernés dans un village voisin du sien ; comme les Allemands ne faisaient aucun quartier aux francs-tireurs, ils fusillèrent les prisonniers.

Peu de familles furent plus éprouvées. Jusque-là, les deux femmes avaient résisté, stoïquement, à tant d'infortunes. Mais, en apprenant la dernière perte qu'elle venait de faire, celle de son mari, la mère poussa un cri strident, puis elle éclata de rire. Elle était folle !... Ouvrant aussitôt la porte de la cour, elle s'élança dans la grange, où elle allait trouver une fin lamentable.

Pour se venger de la perte de quelques-uns des leurs qui étaient tombés sous les balles des francs-tireurs, les Allemands avaient mis le feu à plusieurs habitations du village.

Lorsque la malheureuse insensée eut ouvert la porte de la grange, la flamme, qui cherchait une issue, s'échappa avec violence par l'ouverture qui venait de se produire ; la femme tomba asphyxiée et ne se releva plus ; on ne devait retrouver ses restes carbonisés que de longs mois plus tard.

Pendant que s'accomplissait ce drame

affreux, la jeune fille était allée implorer, des meurtriers de son père, l'autorisation de ramener le corps du cher défunt pour le faire inhumer dans la sépulture de la famille; mais ce fut peine perdue ; la suprême et triste consolation qu'elle demandait lui fut impitoyablement refusée !...

Et la pauvre désolée s'en revint en pleurant à la maison paternelle, maudissant la guerre et toutes ses horreurs. Elle arriva pour assister à l'incendie du dernier de leurs bâtiments, et force lui fut d'aller se réfugier, faute de domicile, chez l'une de ses sœurs.

Toutes ses recherches pour retrouver sa mère disparue en son absence demeurèrent vaines.

A quelques jours de là, l'infortunée jeune fille sentit des tressaillements dans son sein. Elle fit part à sa sœur de ce qu'elle venait d'éprouver. Il n'y avait aucun doute, elle était mère..

Ce mot magique, qui inonde de joie le cœur de la jeune épouse, fit frissonner la pauvre enfant dans tout son être ; une tristesse profonde l'envahit.

Le chagrin qu'elle éprouva fut tel qu'elle ne pleura plus la mort des chers aimés : au moins, ils ne seraient pas les témoins de sa honte !...

Deux ou trois jours avant la bataille d'Amiens, qui eut lieu le 27 novembre, on signala dans le village l'apparition de cinq ou six soldats allemands venus en éclaireurs. L'un d'eux parcourut seul, au grand galop de son cheval, toutes les rues comme quelqu'un qui les connaissait bien. Apercevant enfin la jeune fille qu'il cherchait sans doute :

— Marie ! Marie ! cria t-il d'une voix quelque peu tremblante.

Celle qui se trouvait ainsi interpellée tourna la tête et, reconnaissant le cavalier, une pâleur cadavérique se répandit sur son visage ; ses genoux se dérobèrent sous elle et elle dut s'appuyer au mur pour ne point tomber.

— Il ne manquait plus que cela, murmura-t-elle, pour que ma douleur fût complète. Mère d'un Prussien !.... ajouta-t-elle, avec autant de dégoût que d'effroi

Le cavalier, qui s'était arrêté à quelques pas de la jeune fille, était, on le devine, le soi-disant Alsacien qui l'avait recherchée en mariage et qui, au mois de juillet précédent, avait brusquement quitté le village dans les conditions que l'on sait.

Parvenant à vaincre l'émotion qui l'étreignait, la jeune fille posa un doigt sur ses lèvres et jeta, en se sauvant, ces mots au cavalier allemand :

— Ce soir, au pont du chemin de fer !

Le jeune homme, tout plein de joie de se sentir encore aimé par celle qu'il n'avait pas oubliée, fit faire volte-face à son cheval et rejoignit ses camarades ; ils devaient loger dans un village voisin.

Dès que le soir fut venu, l'heureux amant se rendit, seul et à pied, au lieu du rendez-vous indiqué. Le pont n'existait plus ; par mesure stratégique, les soldats de l'armée du Nord l'avaient fait sauter ; une simple planche servait au passage des piétons.

En arrivant à la rivière, le soldat de Guillaume aperçut, sur l'autre rive, la jeune fille qu'il avait violentée quelques mois auparavant au même endroit.

Avec toute la fougue dont il était doué, il s'élança vivement sur la planche qui le séparait de celle dans les bras de laquelle il allait pouvoir se jeter. A peine fut-il parvenu au milieu de ce pont léger qu'un craquement se fit entendre ; la planche se divisa en deux tronçons et l'homme fut précipité dans la rivière, fort profonde en cet endroit. Il poussa un cri perçant et, au même instant, la jeune fille cria :

— Meurs, Prussien ! et que ta maudite engeance périsse de même !

Le plan combiné par l'héroïque enfant avait pleinement réussi ; c'est elle qui, sans l'aide de personne, avait préparé l'accident qui venait de se produire. Arrivée vers la chute du jour sur le bord de la rivière, elle s'était mise en devoir de ramener à elle la planche qui servait de pont ; elle l'avait sciée dans le milieu, aux trois quarts de son épaisseur ; puis elle l'avait remise en place. On sait le reste.

La jeune fille n'attendit point que des perquisitions fussent faites dans le village pour la découverte de l'éclaireur, qui tenait momentanément compagnie aux poissons.

Elle se rendit sur les ruines de la maison qui avait abrité son enfance insouciante, et où elle avait goûté tant de bonheur au sein d'une famille parfaitement unie ; elle versa d'abondantes larmes au souvenir de tous les deuils qui s'étaient succédé pour elle ; puis, après un adieu suprême aux lieux qui l'avaient vue naître, sans prévenir âme qui vive, elle quitta le village...

Pendant toute la nuit, elle marcha au hasard de la route ; elle continua ainsi durant plusieurs jours, quand enfin, lasse, épuisée, les pieds meurtris, elle tomba sur le chemin. Des âmes charitables la recueillirent ; elles la soignèrent avec beaucoup d'affection et, lorsqu'elle fut remise, elle demanda à ses hôtes, qui étaient de modestes fermiers, de les aider dans leurs travaux. C'était plaisir de voir l'ordre, la propreté régner dans la ferme depuis l'entrée de la jeune fille, qui se montrait active, laborieuse, économe. Elle était pour ainsi dire muette, se bornant à répondre par monosyllabes, quand on lui adressait la parole, mais refusant toujours de faire connaître d'où elle venait et qui elle était.

Loin de se dissiper, la tristesse qui la rendait si sombre, si taciturne, ne fit que croître avec le temps.

Ses maîtres, qui la considéraient comme leur enfant, se préoccupèrent de l'état d'abattement dans lequel était plongée la jeune fille. On était au mois d'avril et le terme de sa délivrance approchait. Un matin,

les fermiers se trouvèrent surpris de ne
point la voir à sa besogne quotidienne, elle
qui était chaque jour la première levée.
Après une heure d'attente, n'y pouvant tenir
plus longtemps, la fermière monta à la
chambre de la servante ; elle était vide et,
chose singulière, le lit n'était pas défait.

La bonne femme descendit alarmée, quand
des clameurs, venant de la rue, frappèrent
ses oreilles. A peine arrivait-elle dans sa
cuisine, qu'elle aperçut, par la fenêtre, deux
gendarmes suivis d'une foule hurlante et
menaçante.

— La voilà, cette Sainte-Nitouche ! criaient
les gens ; on lui aurait donné le bon Dieu
sans confession, et elle faisait mal de son
corps ! Elle croyait cacher sa honte, en dé-
truisant le pauvre petit innocent... Elle le
paiera la gueuse !...

Et la fermière aperçut que les poings
étaient dirigés vers une femme échevelée,
pâle, défaite, que soutenaient à grand'peine
deux solides gaillards. En reconnaissant sa
servante, la fermière se précipita dans la
cour et demanda la cause de tant de bruit.
Tout le monde répondit à la fois, et les
explications données étaient entrecoupées
d'injures, d'imprécations et de menaces. La
fermière, qui n'avait rien compris, fut mise
au courant par l'un des gendarmes.

— Nous avons découvert cette gueuse au
coin du bois, dit-il, en désignant du doigt la
malheureuse fille qui paraissait exsangue ;
elle venait de mettre au monde un petit être

qu'elle étrangla aussitôt en lui comprimant
le cou avec les deux mains, ainsi qu'il appa-
raît par les marques qu'il porte. Son affaire
est claire à cette coquine, qui a refusé de
nous répondre.

— Seigneur Jésus ! dit la bonne femme en
se parlant à elle même et en joignant les
mains, se peut-il que, sous des dehors si
doux, cette malheureuse soit si dénaturée !

Trois mois plus tard, l'infortunée venait
s'asseoir sur le banc des accusés au chef-lieu
du département. Toutes les questions que
lui posa le président de la cour d'assises
demeurèrent sans réponse. Elle avait constamment refusé jusque-là de faire connaître
son nom ; elle persista dans son mutisme.

Après la déposition des gendarmes, la
parole fut donnée à l'avocat général, qui
requit une peine sévère contre cette mère
sans entrailles ; son réquisitoire fut des plus
brillants ; il fit preuve d'une véritable
éloquence ; il termina en demandant au jury
de se montrer impitoyable pour le crime
d'infanticide qui lui était déféré et que la
loi punissait de la peine capitale. Un exemple
devait être donné à ces filles-mères ;
reniant le fruit de leurs entrailles, elles
avaient la cruauté de donner la mort à de
petits innocents qui, à la vérité, n'avaient
point demandé à naître.

Le jeune avocat désigné d'office pour défendre l'accusée prit ensuite la parole ; il
sentait que sa cause était perdue d'avance ;
il s'efforça toutefois d'apitoyer le jury sur

le **sort** de sa cliente, dont il ignorait et le nom et le pays d'origine. Il plaida surtout l'inconscience. Il présenta l'accusée comme la victime d'un misérable qui n'avait point craint d'abuser d'une *insensée*, d'une *idiote*...

En entendant prononcer ces mots, la jeune fille sortit de l'état de torpeur dans lequel elle était constamment plongée depuis le début de l'audience ; elle porta les yeux sur son défenseur ; un éclair brilla dans son regard ; elle semblait vouloir parler comme pour protester, mais elle retomba aussitôt dans son morne abattement. Si rapide pourtant que fût ce mouvement, il avait été remarqué du président ; aussi, avant que les jurés entrassent dans leur salle des délibérations, il adjura la jeune fille en ces termes :

— Vous êtes accusée d'un crime monstrueux ; messieurs les jurés vont bientôt délibérer sur votre sort. Si vous n'êtes pas coupable, déclarez-le franchement. Avez-vous fait mourir votre enfant ?.

— Oui.

— Le regrettez-vous ?

— Non.

— Mais, malheureuse, c'est une condamnation à mort que vous allez encourir !

L'accusée parut vouloir répliquer, mais elle se rassit, en faisant un geste qui signifiait :

— A quoi bon ? Mieux vaut mourir.

Sur une nouvelle admonestation du président, elle se leva comme mue par un ressort

et, faisant connaître ses nom et prénoms,
son âge et son lieu de naissance, elle se
tourna vers les jurés ; d'une voix ferme,
elle prononça ces paroles :

« Je vivais heureuse avec mon père et
ma mère, que j'aimais tendrement et qui
m'adoraient, lorsque, pour mon malheur,
arriva chez nous un étranger qui se donna
comme Alsacien ; il devint le camarade de
mes trois frères, qu'il venait souvent voir
chez nous. Au bout de quelque temps, il me
dit qu'il m'aimait ; je ne le repoussai point.
Le jour où l'on apprit que la guerre venait
d'être déclarée à la Prusse, il m'annonça
qu'il allait retourner auprès de ses parents,
afin de leur demander leur consentement
pour notre mariage, qu'il voulait hâter. Je
le crus et, le soir, à l'insu des miens, pour
lui dire au revoir, je me rendis près de la
gare. La scène qui se passa là me fit bien
voir que ce misérable ne m'aimait pas...

« Mes trois frères et mes deux beaux-
frères furent appelés successivement sous
les drapeaux ; je ne les ai jamais revus et
ne les reverrai plus : ils sont tombés tous
sous les balles prussiennes. Mon vieux père,
enrôlé comme franc-tireur, a été fusillé par
les soldats de Guillaume, qui brûlèrent
ensuite notre maison ; ma mère, devenue folle
après tant de deuils, a péri au milieu des
flammes.

« Quelques jours après, j'appris que j'étais
mère. Le premier soldat allemand que

j'aperçus dans notre village était le père de mon enfant ! A cette vue, mon sang se figea dans mes veines. Comment ?... ce misérable était un espion envoyé par la Prusse ?... C'est peut-être sous ses balles que sont tombés mes frères !... Et, pour comble d'infortune, j'étais mère d'un Prussien !... Ah ! messieurs les jurés, ma faute était trop cruellement punie !

« Je me suis vengée de l'immonde soldat de Guillaume, qui m'inspirait le plus profond dégoût. Il a péri de ma main à l'endroit qui fut témoin de ma faute ; je lui ai fait traverser la rivière sur une planche que j'avais sciée au préalable ; arrivé au milieu, il a été précipité dans l'eau, où il a trouvé la mort.

« Je me suis enfuie et, quelques jours après, j'arrivai exténuée dans ce pays. Vous savez le reste. Mais ce que vous ne savez pas, ce sont les souffrances atroces et continuelles que j'éprouvais à cette pensée qui ne me quittait ni jour ni nuit : tu seras la mère d'un Prussien ! Oh ! quelle horreur !...»

En prononçant ces derniers mots, la malheureuse enfant s'affaissa sur son banc, et n'eut pas la force de continuer. Elle éclata en sanglots, et l'on vit plus d'un juré essuyer une larme du revers de sa main.

Moins de cinq minutes après être rentrés dans leur salle de délibérations, les jurés en sortaient. A l'unanimité, ils déclaraient que l'accusée n'était pas coupable.

Et toute l'assistance, mue par un sentiment bien compréhensible, applaudit à son acquittement.

XXIV

AUX MANŒUVRES

JE ne saurais résister au désir de raconter une petite aventure dont j'ai été un jour témoin.

C'était au mois de septembre 1875. Des soldats de la garnison d'Amiens étaient venus loger à Démuin, où je me trouvais en vacances. Le lendemain de leur arrivée, les fantassins prenaient, de très bonne heure, la direction de Caix, où une rencontre devait avoir lieu contre les soldats de la garnison de Péronne, qui figuraient l'ennemi.

Comme tant d'autres, je suivis les soldats à travers champs.

En arrivant près de Caix, les soldats d'Amiens furent accueillis par une vive fusillade de l'ennemi, qui se trouvait posté près d'un moulin à vent.

Les assaillants s'arrêtèrent, puis l'ordre leur fut donné de contourner le village. Ils descendirent alors la colline qui domine Caix au sud-ouest.

Je suivis deux fantassins. Arrivés au bas

de la colline, nous nous trouvâmes dans un jardin ; nous suivîmes l'allée principale, qui nous conduisit à la porte d'une petite maison. L'un des soldats ouvrit précipitamment cette porte ; je suivais derrière et je pus voir un vieillard accroupi à la cheminée en devoir d'allumer le bois de son foyer. Au bruit que fit le soldat en entrant, l'homme tourna la tête ; il aperçut deux fantassins tenant un fusil à la main ; il se releva vivement en se dirigeant aussitôt vers la porte opposée, qui donnait sur la rue, et se mit à demander grâce en criant sur un ton lamentable :

— Mon Dieu ! mon Dieu ! ne me faites rien !

Les soldats traversèrent la maison pour se diriger dans la rue, où l'homme les avait précédés, tout en continuant de demander grâce. L'un des soldats, que cette scène amusait, mit le vieillard en joue et pressa la détente. Bien entendu, son fusil était chargé à blanc. Entendant le coup de feu, le pauvre vieux se laissa tomber à terre en criant sur un ton déchirant, qu'il me semble encore entendre :

— Mon Dieu ! je suis tué !

Tout en poursuivant notre course, nous nous retournions pour observer l'homme, qui continuait de demeurer étendu sur le sol.

Etait-il réellement mort ?

Je suis repassé chez lui une heure après : il faisait bouillir sa soupe. Je l'ai fait causer, et j'ai pu me rendre compte que ce vieillard, un peu simple d'esprit, avait cru, à la vue des soldats, avoir de nouveau affaire aux Prussiens. Depuis 1870, il était resté sous le coup de la frayeur qu'il avait éprouvée lors de l'invasion allemande, pendant laquelle il avait été fort éprouvé.

*
* *

Une autre aventure, dont je n'ai pas été témoin, mais qui me fut racontée par l'un de mes compatriotes, s'est passée le même jour à Caix dans les conditions suivantes.

Aux premiers coups de fusil lors de l'attaque du moulin, des ouvriers qui se trouvaient dans les champs furent tellement effrayés qu'ils abandonnèrent leurs travaux pour s'enfuir dans le bois voisin. L'un d'eux, en se retournant, aperçut les soldats à peu de distance.

— Les voilà! s'écria-t-il affolé et tout tremblant.

Au même moment, un autre fuyard mit le pied sur les dents d'un rateau étendu par terre ; le manche se relevant aussitôt le frappa dans le dos. L'homme s'arrêta net, comme paralysé.

— Je suis pris! s'écria-t-il ; ils me tiennent et ne veulent plus me lâcher !

Puis, battant l'air de ses bras, il tomba évanoui sur le sol, où... il se trouve encore, ajoutait malicieusement le loustic, qui venait de raconter cette anecdote.

*
*

Le même jour, il se serait passé une aventure plaisante dont le récit m'a été remis par écrit quelques années plus tard. Je copie à peu près textuellement cette relation sans en garantir l'authenticité.

C'était au retour de l'engagement qui venait d'avoir lieu à Caix. Les soldats de la garnison d'Amiens retournaient dans les cantonnements qu'ils avaient quittés le matin. La chaleur était accablante dans la vallée de la Luce ; à mi-chemin, on leur fit faire halte dans un petit village.

Deux soldats ayant besoin de bougies pour le soir entrèrent dans une modeste épicerie. Ne voyant personne à qui s'adresser, ils appelèrent à grands cris, frappèrent à coups redoublés le pavé de l'appartement avec la crosse de leur fusil, le tout en pure perte. Après un instant d'attente qui leur parut fort long, ils se disposaient à se retirer, lorsqu'ils avisèrent dans l'angle de la cheminée un réchaud surmonté d'une casserole en terre où mijotait un ragoût quelconque ; sans plus de cérémonie, ils levèrent le couvercle et restèrent agréablement surpris en y voyant un beau canard mollement couché sur un lit de navets. La vue du palmipède les fascina. Ils se consultèrent du regard et tombèrent tacitement d'accord que ce serait, pour leur repas du soir, un régal de choix ; aussi, sans plus d'hésitation, ils le soulevèrent avec précaution et l'enveloppèrent dans un journal qu'ils trouvèrent à point sur la table ; l'un d'eux déboucla son sac et y introduisit le canard en deux temps et trois mouvements.

Au moment où les deux soldats quittaient la maison, l'épicière rentrait ; elle venait de tailler une bavette de longueur dans le voisinage, ainsi qu'elle avait l'habitude de le faire, car c'était la plus fieffée commère, la plus enragée bavarde qui se pût voir sous la calotte des cieux ; son mari étant constamment retenu dehors par ses occupations, la bonne femme passait les trois quarts de la journée à cancaner de porte en porte, toujours à l'affût de toutes les nouvelles, de tous les commérages du village.

Or, à la vue des deux troupiers, elle s'informa de ce qu'ils voulaient, et, tout en les servant, elle leur posa une foule de questions plus indiscrètes les unes que les autres ; enfin, elle les interrogea sur les manœuvres qui venaient d'avoir lieu à Caix et leur demanda s'ils s'étaient bien comportés.

— Mon Dieu, ma brave femme, répondit tranquillement celui des deux soldats qui avait le canard dans son sac, nous avons, avec mon ami que voici et moi, fait à nous deux un général prisonnier.

— Un général prisonnier ! Pas possible ! s'écria l'épicière enthousiasmée.

— Aussi vrai que je viens d'avoir l'honneur de vous le dire.

— Et comment s'appelle-t-il ? demanda la commère, qui grillait du désir d'aller répàndre cette nouvelle dans le village avec tous les détails possibles.

— Il s'appelle le général Can-Can, répondit imperturbablement le soldat en échangeant du coin de l'œil un signe avec son complice.

— Racontez-moi donc comment cela s'est fait.

— Vous en trouverez tous les détails dans les journaux de Péronne et de Montdidier dans quelques jours, répliqua le troubade en se dirigeant vers la porte.

Et, là-dessus, nos deux loustics souhaitèrent le bonjour à la commère et quittèrent sa maison au pas accéléré sans essayer, et pour cause, de prolonger l'entretien.

Quelque temps après, le mari de l'épicière rentrait de son travail pour le souper. Sa chère moitié, tout en dressant le couvert, le régala du récit qui venait de lui être fait ; elle continua en mangeant la soupe ; puis, elle se leva pour servir le ragoût. Mais, ô surprise ! ô douleur ! les navets se trouvaient encore dans la casserole, seulement, le canard avait disparu. On se figure aisément la mine que dut faire la bonne femme, qui en perdit subitement la parole.

Au premier mot, le mari de l'épicière, homme de bon sens, avait compris la farce jouée à sa femme par les deux chapardeurs ; il n'eut point le courage de s'en fâcher ; il se borna à recommander à sa chère moitié de ne pas divulguer l'aventure pour éviter les quolibets.

Mais, demander à cette commère de garder un secret pendant vingt - quatre heures, c'était vouloir l'impossible ; elle en serait morte étouffée. Malgré ou peut-être grâce à la recommandation du mari, tout le village connut bientôt l'histoire. Pendant plusieurs années, les gamins, tous les soirs en sortant de l'école, allaient frapper à sa porte pour lui demander si le général Can-Can était toujours prisonnier. C'était une scie à la rendre folle ou enragée. Inutile d'ajouter que, pour toute réponse à cette question qui lui portait sur le système nerveux, la bonne femme sautait sur son balai, et poursuivait ses petits persécuteurs jusqu'au tournant de la rue.

XXV

LA FIN D'UN ESPION

Après l'occupation d'Amiens par les Prussiens, tous les droits de régie et d'octroi furent supprimés. Des marchands de tabac s'installèrent dans les rues, sur les trottoirs, sur les places, vendant des cigares et du tabac à fumer ; un quart ne coûtait que quelques sous ; ils débitaient du tabac en poudre ; les priseurs eurent du mal à s'habituer à ce produit, qui ne ressemblait en rien au tabac de la régie française ; mais ils n'avaient pas le choix.

Si la contrebande n'existait plus, le braconnage s'exerçait en toute liberté. Lorsque les braconniers ne pouvaient tirer le gibier, ils le prenaient au collet, et les gardes laissaient faire.

Jamais il n'a été mangé autant de lapins de garenne à Amiens que pendant l'occupation. Non seulement les professionnels du braconnage, mais aussi de pauvres ouvriers sans travail, se livrèrent à ce moyen de subsistance. Le colportage se faisait impunément sans crainte des gendarmes.

Ces souvenirs me reviennent à la mémoire à propos d'un voyage que je fis à pied d'Amiens à Démuin le samedi 17 décembre 1870. Il était midi lorsque je partis.

En traversant la place Périgord, je bourrai mes poches de paquets de tabac en poudre, — du Plaideau, — pour en faire présent à mon bon père. Plus loin, dans la traversée du bois de Boves, je devais voir plusieurs braconniers munis de sacs et de paniers abondamment pourvus de lapins, que des femmes allaient vendre à Amiens.

J'avais vingt-deux kilomètres à faire. On m'avait fortement détourné de me mettre en route, et l'on essaya, mais en vain, de me démontrer que j'allais commettre une réelle imprudence. Si j'étais rencontré par les Prussiens, me dit-on, ils ne manqueraient pas, suivant leur habitude, de se saisir de moi sous prétexte que je devais appartenir à un corps de francs-tireurs ; ils avaient ainsi arrêté, ajoutait-on, quantité de jeunes gens.

Je n'écoutai aucun conseil, aucune remontrance. J'étais sans nouvelles de mes parents depuis la bataille de Villers-Bretonneux. Je savais que la lutte avait été chaude chez nous le 27 novembre, et je brûlais d'impatience de savoir s'il n'était rien arrivé aux miens. Pendant huit jours, on m'avait fait remettre mon voyage au lendemain. Enfin, je partis, promettant de n'être absent que pendant vingt-quatre heures.

En arrivant à Saint-Acheul, je remarquai

une affluence considérable d'Amiénois sta-
tionnant sur les bas-côtés de la route. Je
m'informai de ce qui se passait. On me
répondit que l'armée du Nord se disposait à
entrer dans Amiens.

Je continuai mon chemin. Arrivé au passage à niveau de Longueau, je vis sur la
voie du chemin de fer un groupe d'officiers
français armés de longues-vues. Ce spectacle me réconforta ; il y avait trois semaines
que nous ne voyions plus de pantalons rouges
à Amiens.

Je reconnus le général Farre, que j'avais
vu plusieurs fois dans les rues de la ville.
A sa droite se trouvait un autre général
portant également les trois étoiles, petit de
taille, ayant toute sa barbe, taillée très
courte, sauf les moustaches qui étaient fort
longues ; il portait des lunettes : c'était, à
n'en pas douter, le général Faidherbe, dont
j'avais vu la veille un portrait fort ressem-
blant dans un journal de voyages à propos
d'une notice sur le Sénégal, dont Faidherbe,
alors colonel, était gouverneur.

En passant, je saluai l'état-major ; le
général en chef de l'armée du Nord porta
aussitôt la main à son képi.

Un peu plus loin, à la sortie de Longueau,
j'aperçus l'infanterie occupant les deux bas-
côtés de la route jusqu'au lieu dit la *Croix
de fer*, qui forme le point d'intersection de
la route de Vermand et Saint-Quentin avec
la route de Noyon, que je devais suivre.

L'artillerie et le reste des troupes étaient établis sur la route de Vermand.

Après Longueau, je n'avais plus qu'un village à traverser : Domart-sur la-Luce, évacué la veille par les Prussiens, qui devaient y revenir le surlendemain. Il n'est peut-être pas de localité dans la Somme qui compte autant de jours d'occupation prussienne que ce village : c'est à sa situation topographique qu'il a dù ce privilège peu enviable. Je pus donc passer librement, ce qui ne m'aurait pas été permis la veille. J'avais lieu de m'applaudir que l'on eût retardé mon départ jusqu'à ce jour.

Quand j'arrivai chez mes parents, il était soir. En un instant, la maison fut envahie. Mon arrivée d'Amiens s'était propagée avec une rapidité étonnante. Chacun de mes compatriotes était désireux d'avoir des nouvelles, car personne ne savait rien, aussi l'anxiété était-elle grande : la figure allongée, le teint blême, les yeux brillants, presque hagards, la plupart d'entre eux étaient méconnaissables ; terrifiés, angoissés par trois semaines d'occupation, ils vivaient pour ainsi dire dans un continuel état de fébrilité ; au moindre bruit, ils tournaient la tête vers la porte croyant voir entrer quelque porteur de casque à pointe.

Je satisfis du mieux que je pus la légitime curiosité de mes compatriotes et leur racontai ce que j'avais vu et ce que j'avais appris à Amiens, à savoir que le farouche commandant de la citadelle, le Prussien

Hubert, avait fait placarder dans la ville une proclamation qui menaçait de bombardement au moindre mouvement et même au moindre rassemblement. Faidherbe avait répondu par affiches que, si les menaces du commandant de la citadelle étaient mises à exécution, il passerait sa garnison tout entière au fil de l'épée.

Le lendemain, je me disposais à retourner à Amiens, suivant l'engagement que j'en avais pris, lorsque le bruit d'une canonnade nous parvint dans la direction de cette ville. Mon père, d'une santé chancelante depuis qu'il avait failli être emporté par une fièvre typhoïde deux ans auparavant, me supplia de rester à la maison. Je lui obéis. Mon retour fut fixé au lendemain, mais je ne partis pas encore parce que l'on signalait des mouvements de troupes prussiennes, qui s'avançaient pour s'opposer à la marche de l'armée du Nord.

La nouvelle nous arriva que le samedi après-midi, cinq ou six coups de canon avaient été tirés de la citadelle dans la direction de Longueau ; c'est cette canonnade que j'avais entendue avant mon arrivée.

Nous apprîmes aussi que le lendemain dimanche les coups de canon que nous avions entendus dans la matinée avaient été tirés de la citadelle vers Rainneville et Poulainville, où une partie de nos troupes venait de prendre position. En même temps, une reconnaissance prussienne, composée de cavaliers et de fantassins, s'était avancée jusqu'au delà de Saint-Acheul pour s'assurer si des soldats français se trouvaient à Longueau, d'où ils pouvaient s'avancer pour investir la ville, comme le redoutaient les ennemis.

Un grand nombre de curieux suivirent la patrouille allemande ; mais, près de l'église de Saint-Acheul, un officier les prévint que, s'ils avançaient, on tirerait sur eux ; ils s'arrêtèrent et attendirent. Un quart d'heure plus tard, une vive fusillade éclatait, et les soldats de la patrouille allemande revenaient à toute vitesse. Ils étaient furieux. A leur arrivée dans le faubourg de Noyon, un ouvrier, qui s'était embusqué, tira sur eux un coup de fusil, qui ne blessa personne.

Alors, des commandements, des cris partirent des rangs de la patrouille ; les cavaliers et les fantassins s'éparpillèrent dans toutes les directions, sondant les champs, les buissons, les jardins, les haies. La route se vida à vue d'œil des curieux qui l'encombraient ; ils disparurent dans toutes les rues qui avoisinent le cimetière et le Blamont. C'était de la plus élémentaire sagesse. Mais les Prussiens firent chou blanc, ce qui n'était point de nature à calmer leur fureur.

Après leur rentrée à la citadelle, le commandant faisait placarder dans la ville une affiche ainsi libellée :

Citadelle d'Amiens, le 18 décembre 1870.

A LA MAIRIE D'AMIENS

Une patrouille envoyée d'ici à Longueau

et attaquée dans ce village par des troupes françaises, a eu à subir des coups de fusil, du faubourg Noyon.

Pour punition contre ce faubourg, je décrète :

1° On livrera de suite les coupables du faubourg ;

2° On livrera de suite toutes les armes ;

3° La commune paiera de suite une amende de 20 000 francs, vingt mille francs, comptables à l'instant même.

Si mes ordres ne sont pas exécutés jusqu'à 2 heures, je ferai bombarder ledit faubourg en temps indiqué.

Le commandant de la Citadelle,

HUBERT.

De son côté, le préfet prussien faisait en même temps afficher cette pièce :

PROCLAMATION

Rentrés à Amiens avec les troupes prussiennes, c'est pour nous un agréable devoir de remercier les habitants pour l'ordre qui a régné pendant l'absence des troupes.

Le seul cas qui malheureusement a troublé le calme de la ville sera puni à la rigueur de la loi.

Le Préfet de la Somme,

SULZER.

Le Commandant des troupes prussiennes,

Von MIRUS, général.

Avec ces nouvelles, venues d'Amiens dès le lundi, nous parvint en même temps une autre rumeur qui affecta profondément les vrais patriotes : l'arrestation d'un espion français ! Ce cas ne se produisit que fort rarement, mais, à chaque fois, il causa la plus pénible impression.

* *

Je demande pardon au lecteur d'avoir fait précéder le récit de cet épisode d'un long préambule dans lequel je me suis mis en scène. Je sais que le moi est haïssable, et je l'ai en horreur. Mais j'ai laissé aller ma plume sans pouvoir résister. C'est que ce souvenir s'est gravé dans ma mémoire en même temps que le crime dont s'est rendu coupable un scélérat qui a excité l'indignation générale.

Un sieur X..., engagé dans une compagnie de francs-tireurs, avait dû rentrer chez lui à la suite d'un grave accident dont il avait été victime en sautant un fossé ; à son grand regret, il s'était vu dans l'impossibilité de continuer à tenir la campagne.

Le 16 décembre, plusieurs personnes lui signalèrent les allées et venues dans le village d'un personnage dont les allures leur paraissaient louches. X... l'observa et crut le reconnaître. C'était un ancien franc-tireur de sa compagnie qui était très lié avec un autre franc-tireur étranger, — un Wurtembergeois, — que l'on soupçonnait de trahir au profit des Allemands.

Pendant la guerre franco-allemande, on voyait des espions partout, mais les soupçons n'étaient pas toujours justifiés. Ne voulant pas commettre d'impair, X... prit une résolution qui, si elle devait réussir, ferait tomber son ancien camarade dans le piège qu'il allait lui tendre. Il l'aborda résolument, le saluant par son nom et lui demandant des nouvelles de sa santé.

Ainsi interpellé, le sieur Z... eut un moment d'hésitation, mais il n'essaya point de feindre ; il supposa sans doute qu'il obtiendrait de son ex-camarade les renseignements qu'il désirait avoir. La conversation engagée, il proposa à X... d'aller la continuer dans un cabaret qui se trouvait en face, en prenant une consommation.

Z... posa force questions à son interlocuteur ; celui-ci, qui était un habile ouvrier faiseur de bas, se plaignit d'être sans travail et d'avoir de la peine à nourrir sa femme et ses jeunes enfants ; il insinua adroitement qu'on lui avait proposé une certaine somme d'argent s'il consentait à renseigner les Prussiens sur la marche de l'armée française, mais qu'il avait refusé. Il ajouta avec habileté que, si pareille offre lui était faite aujourd'hui, il ne la repousserait peut-être pas avec la même indignation.

Z... ne répondit point ; il fit renouveler les consommations une première fois, puis une seconde fois ; mais, en vidant consciencieusement son verre, il ne remarquait pas que son camarade lançait le liquide sous la table. L'heure des confidences était venue pour Z..., qui fit entendre à X... que le métier d'espion était fructueux, et que, si le cœur lui en disait, il pourrait peut-être le servir utilement.

X... savait ce qu'il voulait connaître ; il se leva pour se retirer parce qu'il était attendu chez lui, dit il ; il offrit de payer la part de son écot, mais l'autre voulut tout régler ; il exhiba son porte monnaie, qui était bondé de pièces d'argent et de pièces d'or. La dépense étant soldée, les deux hommes se levèrent pour sortir. X... s'approcha de l'aubergiste, et, lui parlant à l'oreille, lui recommanda d'observer la direction que prendrait l'étranger. Quant à lui, il se rendit tout de suite chez le maire, qu'il mit au courant de ce qui venait de se passer. Il avait à peine achevé sa confidence que la femme de l'aubergiste accourait chez le maire pour lui remettre un portefeuille bourré de billets de banque et de papiers que le compagnon de X... avait laissé tomber sous la table.

Le contenu du portefeuille fut examiné ; il s'y trouvait des notes sur l'armée du Nord, cantonnée de Pont-de-Metz à Cachy, chose que personne ne savait dans les environs. Il y avait aussi plusieurs lettres d'officiers allemands prouvant d'une façon évidente que le possesseur du portefeuille leur servait d'espion. Dès lors, son arrestation fut décidée. Elle ne devait point tarder à avoir lieu. En effet, à la sortie du village, l'homme, tout en trébuchant, fouilla ses poches, et, ne trouvant plus son portefeuille, il revint sur ses pas. Pour n'être point aperçu, l'aubergiste fit un détour et rentra chez lui par une autre rue. En passant en face de la maison du maire, X... l'appela et lui demanda quelle direction l'homme avait prise.

— Il avait pris le chemin qui conduit à la route d'Ailly-sur Noye, dit-il, mais il revient; il semble avoir oublié ou perdu quelque chose.

— C'est son portefeuille, que voici, dit X...; il l'a laissé tomber chez toi et va venir le réclamer.

Et, s'adressant au maire, X... lui dit :

— Ne perdons pas de temps, M. le Maire ; tandis que vous vous rendrez à l'auberge, je vais passer chez l'adjoint et chez le garde champêtre pour les inviter de votre part à aller vous retrouver pour vous assister dans l'arrestation de ce misérable.

Quelques instants plus tard, l'homme était appréhendé et conduit à la maison commune, où il passa la nuit sous bonne garde. Le lendemain mardi, on devait partir de grand matin pour conduire cet espion à Longueau, où l'on croyait que se trouvait l'état-major de l'armée du Nord.

Faidherbe avait eu l'intention de livrer une seconde bataille d'Amiens, au sud de cette ville ; son front de bataille était beaucoup moins étendu que celui du général Farre le 27 novembre ; il avait de l'artillerie et le double de troupes. Les positions par lui choisies paraissaient offrir toutes chances de réussite. Mais l'étude qu'il fit du terrain dans la journée du 17 décembre modifia ses premières dispositions. Le lendemain, il mettait ses troupes en marche vers la vallée de l'Hallue. C'est à Pont-Noyelles et à Querrieu que le choc devait se produire quelques jours plus tard.

Pendant ce temps, le général prussien Mirus partait de Breteuil le 17, venait coucher à Ailly-sur-Noye, et, le lendemain après-midi, il entrait en ordre de bataille à Amiens. Le reste des troupes allemandes qui devaient prendre part aux opérations sur la Somme sous la direction de Manteuffel était concentré au sud-est d'Amiens le lundi 19 décembre.

Aussi, lorsque l'espion et son escorte arrivèrent à Domart-sur-la-Luce, ils aperçurent les soldats ennemis faisant leur entrée dans le village pour y loger. Profitant de cette heureuse circonstance pour lui, le sieur Z... s'échappa prestement en faisant un pied de nez à ses gardiens et en les menaçant de graves représailles. Ceux-ci n'eurent d'autre parti à prendre que de détaler au plus vite.

Cette aventure fut tenue secrète par ceux qui y avaient pris part ; rien n'en transpira dans le village où avait eu lieu l'arrestation. La guerre se termina sans que l'on entendît parler de l'espion ; il n'avait jamais reparu dans son pays même, situé à quelques lieues du village où il avait été arrêté. On supposa que, comme dernière récompense pour les services qu'il leur

avait rendus, les Prussiens l'avaient gra-
tifié d'une balle de plomb dans la tête. Les
traîtres ont toujours une fin tragique.
Toutefois, cette supposition était inexacte ;
elle ne devait se réaliser pour Z... que
quelques années plus tard.

*
* *

Par un dimanche du mois de septembre
1876, l'aubergiste chez lequel avait été
arrêté cet espion, vit arriver cnez lui un
étranger paraissant très cossu, qui se fit
servir une consommation à la seule table
inoccupée. L'homme examina successivement les consommateurs qui se trouvaient
dans la salle, les uns jouant au billard,
d'autres aux cartes, et le plus grand nombre
causant de leurs affaires ou s'entretenant
des travaux de la culture. Tout à coup, au
son d'une voix qui se fit entendre derrière
lui, il éprouva un léger tressaillement, qu'il
réprima aussitôt. Il se retourna et aperçut
X... jouant au piquet avec le maire et deux
autres villageois.

Au bout d'un instant, l'étranger prenant
son verre demanda aux joueurs la permission de s'asseoir à leur table parce qu'il
affectionnait tout particulièrement le jeu de
piquet. Sa requête ayant été accueillie, il
s'intéressa attentivement au jeu de X...
D'abord silencieux, il formula ensuite quelques timides observations ; puis, s'enhar-
dissant, ses critiques devinrent mordantes ;
les joueurs semblaient n'y prêter aucune

attention ; mais, depuis un moment, le maire observait le nouveau venu à la dérobée ; à la suite de cet examen, il crut reconnaître l'homme ; faisant signe à X..., ils se levèrent et sortirent dans la cour.

— Cet étranger, dit le maire, semble vouloir te provoquer. Le reconnais-tu ?

— Non ; je ne l'ai pas regardé.

— Tiens, on le voit d'ici par la fenêtre ; examine-le.

Après qu'il l'eut dévisagé, X... s'écria :

— C'est l'espion que nous avons pris ici pendant la guerre.

— Il t'a certainement reconnu et il paraît vouloir te chercher une querelle d'Allemand. Méfie-toi et tiens-toi sur tes gardes.

— Pour éviter toute affaire de ce genre, nous n'avons qu'à cesser le jeu et à quitter le cabaret.

Les deux hommes rentrèrent dans la salle, et, d'accord avec les deux autres joueurs, ils réglèrent leurs consommations et sortirent. Cette retraite inattendue dérangeait le plan de l'étranger ; il se leva et suivit X... et le maire, qu'il rejoignit ; il interpella le premier sur un ton agressif, et le qualifia de mauvais joueur.

— Si je suis mauvais joueur, répliqua l'interpellé, je suis bon Français.

— Que voulez-vous dire ? demanda l'autre en crispant les poings.

- Ce que j'ai dit.

— Mais encore ?

— Qu'il vaut mieux être piètre joueur qu'espion.

A ce mot, l'étranger, piqué au vif, se précipita sur son adversaire et le souffleta.

— Vous m'en rendrez raison, dit X... avec un calme parfait.

Des témoins furent constitués et le duel fixé au lendemain matin ; il devait avoir lieu dans un plant situé derrière le jardin de l'aubergiste chez lequel l'étranger allait passer la nuit.

L'insulté, qui était très adroit au pistolet, choisit cette arme. Arrivés sur le terrain, les témoins, quatre combattants de 1870, assignèrent les places des deux adversaires. Au signal, deux coups partirent. On vit aussitôt l'étranger s'abattre sur le sol, la face contre terre. Ses témoins se précipitèrent vers lui ; ils remarquèrent que la balle de son adversaire lui avait troué le front et s'était logée sous le crâne.

L'aubergiste, qui était l'un des témoins de la victime, recommanda aux autres de se retirer discrètement et de ne souffler mot à âme qui vive de ce qui venait de se passer, ajoutant qu'il se chargeait du reste. Lorsqu'il fut demeuré seul avec le mort, il le fouilla, mais il ne trouva aucun papier constatant son identité. Avec l'un de ses voisins, il se rendit à la mairie pour déclarer la mort d'un inconnu en son domicile.

Dans le village, on crut que cet étranger s'était suicidé et l'on n'en parla plus. Seuls, le maire et X... connaissaient le nom de l'homme.

A quelque temps de là, le maire eut l'occasion de traverser le village de l'espion ; il s'arrêta pour entrer chez son collègue ; dans la conversation, ce dernier annonça qu'il avait reçu deux jours auparavant une lettre d'une Allemande, mariée à l'un de ses anciens administrés qui avait disparu pendant la guerre franco-allemande, sans que l'on sût ce qu'il était devenu ; il avait été soupçonné d'avoir servi d'espion aux ennemis ; son établissement en Allemagne et le mariage qu'il y avait contracté permettaient de supposer cette accusation fondée. Dans sa lettre, la femme de Z... demandait au maire des nouvelles de son mari, qui, depuis plusieurs mois, n'avait pas donné signe de vie. Le maire lui répondit que, depuis que son ancien administré avait quitté la commune, où il ne lui restait plus d'ailleurs aucun parent, personne n'avait entendu parler de lui.

Celui qui aurait pu renseigner exactement cette femme, c'était le maire du village où Z... était enterré dans le coin du cimetière réservé aux suicidés. Mais, comme il avait pris l'engagement solennel de ne jamais révéler son nom, il se tut et prit congé de son collègue.

L'histoire de cet espion me fut racontée quelques années plus tard par X..., mais en me cachant le nom du misérable dont il avait fait justice.

XXVI

ÉPISODE

Nil sub sole novum.
Il n'y a rien de nouveau sous le soleil.

Cette exclamation de l'Ecclésiaste, devenue d'une banalité courante, sera éternellement vraie.

L'histoire, a-t-on dit, est un perpétuel recommencement. Rien n'est plus exact. Non seulement les mêmes hommes se reproduisent, mais les mêmes faits se renouvellent.

S'il en était besoin d'un exemple entre mille, nous n'aurions que l'embarras du choix. Nous rappellerons le suivant.

Une légende très répandue en Picardie et en Artois rapporte qu'un sire de Créquy avait pris la croix au temps des croisades pour aller délivrer la Terre sainte ; il prit part à une bataille où il périt beaucoup de soldats de part et d'autre ; fait prisonnier, le sire de Créquy fut chargé de chaînes et enfermé dans un noir cachot ; il ne devait être rendu à la liberté que moyennant une forte rançon. Par suite d'un fatal concours de circonstances, ni la femme ni les parents du sire de Créquy n'eurent connaissance de sa situation. Les années succédèrent aux années sans qu'aucune nouvelle fut apportée de l'infortuné chevalier.

Dix ans et demi plus tard, Mme de Créquy, cédant enfin aux instances réitérées de son vieux père, avait consenti à prendre un nouvel époux, sur la déclaration maintes fois réitérée de la mort de son premier mari à la croisade.

Or, la veille du mariage de sa femme avec un seigneur du voisinage, M. de Créquy fut transporté en une nuit, par un moyen que la légende ne fait point connaître, sur les terres de sa seigneurie. Il était temps, puisqu'à son arrivée sur son domaine, il entendit sonner les cloches de l'église à l'occasion du mariage de la châtelaine, ainsi que le lui apprit un berger qu'il interrogea à ce sujet.

Bien que couvert de haillons et les membres chargés de chaînes, le sire de Créquy se rendit au château sans perdre de temps. Les deux époux s'étant reconnus, grâce surtout aux deux moitiés d'une bague qu'ils s'étaient partagées le jour du départ de M. de Créquy pour la croisade, le repas qui avait été disposé pour la célébration servit à fêter le retour de son mari.

Un fait identique, — moins le merveilleux

transport du prisonnier, — se produisit pendant la guerre franco-allemande.

Au mois de mai 1870, un capitaine avait épousé la fille unique d'un riche industriel des environs de Péronne. C'était un mariage d'inclination. Le marié n'avait que sa solde, mais la jeune épouse lui apportait une dot colossale. Ils étaient dans toute la douceur de la lune de miel, lorsque la nouvelle de la déclaration de guerre à la Prusse se répandit d'un bout de la France à l'autre. En même temps, un ordre arriva au capitaine, alors en congé, d'avoir à rejoindre son régiment, qui tenait garnison dans l'Est.

Ce régiment reçut le premier choc. Il se trouvait à Forbach. Le général Frossard, le précepteur du prince impérial, avait manœuvré avec si peu d'habileté que sa division, attaquée de toutes parts par les troupes du prince Frédérick, était littéralement taillée en pièces et sur le point d'être complètement anéantie.

On accourut signaler au maréchal Bazaine le péril extrême dans lequel se trouvait le malheureux corps d'armée, par suite de l'impéritie de son chef, en demandant un prompt secours.

Bazaine, dont le Mexique avait conservé un odieux souvenir, répondit en haussant les épaules :

— C'est bon, c'est bon ; si le maître d'école s'est... mis dans la... mélasse, eh bien, qu'il y reste..

Cette réplique, en langage de caserne, — que nous avons adoucie par respect pour nos lecteurs, — fait voir à quel degré de cynisme était tombé cet officier supérieur.

Nos pauvres soldats se firent écharper en grand nombre ; les autres durent se rendre aux ennemis. Parmi les prisonniers se trouvait le capitaine B..., le héros de ce récit, qui accueillit fort mal sa captivité, aussi devint-il l'objet d'une étroite surveillance de la part de ses cerbères. Ceux-ci, pour se libérer d'une corvée qui leur pesait, eurent une idée comme il ne peut en germer que dans la cervelle d'un Prussien : ils proposèrent à leur captif de l'autoriser à faire seul chaque jour une promenade de plusieurs heures dans la campagne et dans la forêt voisine sur sa promesse d'être rentré à l'heure qu'ils lui fixeraient. Cette proposition fut chaleureusement accueillie par le capitaine, qui ne se doutait point du piège.

Le jour même, il quittait le camp et se dirigeait vers une vaste forêt de pins que l'on apercevait dans le lointain. Il marchait depuis une demi-heure sous un soleil de plomb lorsqu'il arriva dans un frais vallon, qui semblait être une oasis placée au milieu de l'immense étendue de terres incultes et stériles qu'il venait de parcourir. Il s'étendit au pied d'un châtaignier, dont l'ombre épaisse le garantissait des rayons du soleil, et il se prit à songer d'abord aux malheurs de sa patrie, puis il pensa à sa jeune femme, dont aucune nouvelle ne lui était parvenue depuis qu'il avait quitté la France. Seul au milieu de cette immensité, il se laissa aller sans contrainte à l'attendrissement ; des larmes de rage et d'impuissance jaillirent de ses yeux, puis un profond abattement accabla tout son être, ses paupières s'alourdirent et il s'assoupit, rêvant aux êtres aimés qu'il avait laissés là-bas ou se voyant à la tête de sa compagnie qu'il entraînait au milieu de la mitraille. Il fut réveillé en sursaut de son sommeil agité par des cris qui n'avaient rien d'humain ; en ouvrant les yeux, il se vit entouré d'une dizaine de soldats prussiens, le chef couvert de l'inévitable paratonnerre, et, au second plan, une bande de paysans déguenillés, sordides, de tout âge et de tout sexe, qui le considéraient comme une bête curieuse. Il constata, non sans étonnement, qu'il lui était impossible de faire aucun mouvement : des menottes lui avaient été passées aux mains et des chaînes lui enserraient les pieds. Dès qu'il se vit ainsi ligotté, il se sentit enlever par quatre bras vigoureux, qui le déposèrent dans une mauvaise charrette attelée d'une haridelle empruntée à des paysans qu'ils avaient dû rencontrer en chemin.

En arrivant au camp, le capitaine fut déposé dans une sombre cellule où ne pénétrait ni l'air ni la lumière. C'est en vain qu'il voulut savoir ce qu'on lui reprochait ; personne ne lui répondit. Le lendemain, il subit un semblant d'interrogatoire, à la suite duquel il crut comprendre qu'il était accusé d'avoir voulu rompre sa captivité en tentant de s'évader. Rien n'était plus faux.

Son affaire ne traîna pas en longueur. Quelques heures plus tard, il comparaissait devant un conseil de guerre, et, après les dépositions accablantes de ses persécuteurs, il fut, malgré ses dénégations, condamné à dix ans de détention dans une forteresse.

Le lendemain de sa condamnation, il était transféré dans une ville de la Silésie, où il subit sa peine dans un noir cachot, sans qu'il eût jamais de communication avec le dehors ; il lui était défendu d'écrire aux siens, et aucune des lettres qui lui étaient adressées ne lui furent remises.

Les préliminaires de la paix venaient d'être signées lorsque la femme du capitaine B..., qui avait continué de demeurer chez ses parents, mit au monde un fils. Elle attendit avec impatience le retour du père, dont la joie serait grande assurément à la nouvelle de cet événement.

Mais, hélas ! les jours, les semaines, les mois et les années passèrent sans qu'aucune nouvelle même du capitaine parvînt à sa femme ; celle-ci, désolée, ne perdit cependant jamais l'espoir de voir rentrer un jour son cher absent.

Mais le père de la jeune femme était loin d'avoir une confiance aussi robuste dans le retour possible de son gendre. Avec l'âge, il sentait que ses facultés s'affaiblissaient, et, avant que de mourir, il aurait voulu remettre en des mains vaillantes l'établissement industriel qu'il avait créé et auquel il avait su donner une extension considérable. Il usa de toutes les influences et eut recours à tous les moyens pour découvrir ce qu'était devenu son gendre : toutes les recherches demeurèrent sans résultat

Depuis 1872, le beau-père du capitaine B... avait à son service un employé qui s'était fait passer pour Alsacien ; pour ne pas devenir Allemand, il avait déclaré opter pour la nationalité française, et avait quitté Strasbourg, où il était né réellement, — mais de parents allemands, ce qu'il se gardait bien de faire connaître. Par son intelligence des affaires, par sa bonne conduite, cet employé avait su gagner la confiance de son patron, qui, par la suite, se déchargea sur lui d'une partie de son lourd fardeau ; il éleva constamment ses appointements, et, plus tard, il songea même à se l'associer en le faisant entrer dans sa famille. Les menées habiles de l'honnête Teuton n'étaient sans doute pas étrangères à ce double projet que caressait secrètement le vieil industriel.

Mais, pour la réalisation de ce dessein, il était indispensable d'avoir la copie authentique du décès du capitaine B..., dont personne n'avait reçu de nouvelles depuis près de dix ans.

Dans le courant de l'été de 1880, le soi-disant Alsacien sollicita de son maître un congé de plusieurs semaines pour aller rendre visite à ses parents, — ce qui lui fut

accordé sans difficulté. A son retour, il se
montra plus attaché que jamais aux intérêts
de son patron. Quinze jours plus tard, ce
dernier recevait d'une ville de Silésie un
extrait légalisé de l'acte de décès de son
gendre. Dans la lettre qui accompagnait
cette pièce, le bourgmestre faisait connaître
à son correspondant que le capitaine B...
avait dû quitter avec un certain nombre de
ses camarades la ville où ils avaient été
d'abord internés en raison d'une épidémie
de petite vérole noire qui sévissait dans le
camp, et qu'on les avait dirigés sur une
autre ville située à cinq lieues de là. Plusieurs de ces jeunes gens, qui avaient sans
doute déjà le germe de cette maladie,
durent garder le lit dès le lendemain de
leur arrivée : ils étaient atteints du mal que
l'on avait voulu éviter. Les décès se produisirent dans des proportions effrayantes,
et, bientôt, le nouveau camp d'internement,
ne fut plus qu'une nécropole.

Or, sous prétexte de se rendre à Strasbourg dans sa famille, le soi-disant Alsacien,
qui ne visait à rien moins qu'à la main de
Mme B..., était allé en Prusse et avait
séjourné pendant quelque temps dans la
ville où avait été interné le capitaine B...;
il y apprit que le camp avait été évacué
plus tard ; il se rendit ensuite dans la ville
où avaient été transférés les prisonniers.
C'est là qu'il fit faire la copie de l'acte de
décès d'un capitaine appartenant au même
régiment que M. B..., et, après qu'il l'eut

fait revêtir de tous les caractères de la plus
parfaite authenticité, il gratta habilement
le nom du capitaine, qu'il remplaça par
celui de son collègue B..., Il remit ce docu-
ment avec une lettre qu'il fabriqua au nom
du bourgmestre de la ville à l'un de ses
compatriotes avec mission de les expédier
quinze jours plus tard à l'adresse qu'il lui
donna.

C'est ainsi que le tour fut joué.

Aucun obstacle ne s'opposait plus dès lors
au mariage de Mme B... Aussi, son père,
constamment obsédé de la même pensée,
comme le sont tous les vieillards, la pressait-
il de se créer une autre famille en accordant
sa main à son principal employé Celui-ci,
de son côté, fit ouvertement la cour à la
jeune veuve, — ce qu'il se serait bien gardé
de faire, déclara-t il, avant qu'il ne la sût
libre.

Mais Mme B..., fidèle à la mémoire de son
mari. ne songeait nullement à convoler. Il
ne fallut rien moins qu'un accident sérieux,
arrivé un soir à son père pour la décider
enfin, par amour filial, à réaliser le rêve
constant du vieil industriel. Ce dernier, en
montant l'escalier pour se rendre dans sa
chambre à coucher, mettait le pied sur le
palier lorsqu'il s'affaissa tout à coup et descendit les vingt marches en roulant sur le
dos. sans avoir conscience de ce qui lui
arrivait ; il fut relevé sans connaissance ;
mais ce malaise ne fut que de courte durée.
A l'arrivée du médecin, qui conclut à une

congestion cérébrale sans gravité, le vieillard avait recouvré tous ses sens. Sa fille étant demeurée seule pour veiller à son chevet, il en profita pour exprimer le désespoir qu'il éprouverait à sa dernière heure s'il ne se savait dignement remplacé à la tête de son usine. Il mit tant de chaleur dans son plaidoyer que sa fille lui demanda un délai de trois mois, en lui laissant espérer que sa réponse serait affirmative.

Le vieillard se reprit dès lors à l'existence; toute trace de son malaise disparut rapidement.

Le délai étant expiré, et aucune nouvelle du cher absent n'ayant été transmise à Mme B..., cette dernière alla trouver son père et lui fit connaître qu'elle acceptait de devenir la femme de son principal employé.

Les préparatifs furent poussés avec activité. Le futur époux s'absenta pendant huit jours pour se procurer les pièces nécessaires à la célébration de son mariage. A son retour, il vit descendre à la gare un voyageur qui lui emboîta le pas, et qui, comme lui, semblait se rendre à l'usine. S'étant arrêté, il l'attendit et lui posa plusieurs questions; il n'obtint que des réponses très laconiques, mais polies.

Le bonheur de l'Allemand, qui allait voir enfin réaliser le rêve qu'il caressait depuis tant d'années, le rendait expansif; il éprouva le besoin de faire connaître à son compagnon de route qu'il était employé depuis huit ans à l'usine dont on apercevait

la cheminée, et qu'il avait gagné la confiance
de son patron, dont il serait l'associé et le
gendre dans quelques jours.

À ce mot, l'étranger ne put maîtriser un
mouvement, que l'autre ne remarqua point.

Les deux voyageurs n'étaient plus qu'à
quelques pas de l'usine. Avant d'ouvrir la
porte des appartements privés du directeur,
l'Allemand demanda à son compagnon :

— Qui faut-il annoncer ?

— Ne vous mettez point en peine, répliqua
l'autre, je suis suffisamment connu.

Et, passant le premier, l'étranger tourna
la poignée de la porte ; il demeura un instant
sur le seuil, considérant le tableau familial
qui s'offrait à ses regards : un beau vieillard
lisant son journal, une jeune femme occupée
à un travail de tapisserie et un garçonnet
d'une dizaine d'années assis à une petite table
préparant ses devoirs sous l'œil de sa mère.
À la vue de ce groupe, deux grosses larmes
jaillirent des yeux du nouveau venu.

Le vieillard, la femme et l'enfant avaient
relevé la tête ; tous les trois, ils regardaient
attentivement le nouvel arrivant ; celui-ci,
s'avançant jusqu'auprès de la jeune femme,
répéta ce mot sur deux intonations différentes :

— Laure ! Laure !

À cet appel, la jeune femme, se levant
comme mue par un ressort, joignit les
mains, et, se précipitant vivement dans les
bras grands ouverts de l'étranger, s'écria
avec un sanglot :

— Paul ! Paul !

Les deux époux, — car c'était le capitaine B..., — s'étreignirent passionnément ; puis. se dégageant doucement, la mère appela l'enfant :

— Viens embrasser ton père, que tu n'as jamais vu, dit-elle, le visage inondé de larmes de joie.

Et l'enfant accourut. Le beau-père se levant aussitôt vint donner l'accolade à celui qu'il avait cru mort

Après ce moment de muettes étreintes, les questions et les réponses s'entrecroisèrent ; les doux épanchements succédèrent aux caresses.

A la vue de cette scène inoubliable, l'Allemand, témoin involontaire de ce tableau, demeura comme pétrifié dans l'encadrement de la porte ; lorsqu'il se fut ressaisi, il fit demi-tour et se rendit prestement dans sa chambre. où il s'empara des différentes affaires qui lui appartenaient, puis il disparut sans que l'on eût jamais de ses nouvelles

Quant au capitaine B..., après que sa situation fut réglée au point de vue militaire, il devint l'associé de son beau-père, auquel il succéda à la mort de ce dernier. Quelques années plus tard, il céda son établissement à son fils aîné afin de pouvoir se consacrer tout entier à l'éducation des deux enfants qu'il eut après son retour de captivité.

XXVII

RENCONTRE INATTENDUE

Chaque année, Eugène Feigniez se rendait en Allemagne pour son commerce. Son séjour outre-Rhin était ordinairement d'une durée de six à sept semaines.

En 1888, il retarda son départ, qu'il fixa après la distribution des prix au lycée, où son fils était interne ; il avait promis à ce dernier, — alors âgé de seize ans, — de l'emmener avec lui en Allemagne s'il obtenait le prix de langue allemande.

L'enfant, — auquel ce voyage faisait venir l'eau à la bouche, — redoubla d'efforts. Le prix tant souhaité lui fut décerné.

Le 10 août, le père et le fils montaient en chemin de fer, et, en route pour le pays de la choucroute.

Dans toutes les villes où s'arrêtaient les deux voyageurs, Eugène Feigniez s'occupait d'abord de ses affaires ; puis, le reste du temps était employé à la visite des monuments, des musées et des curiosités de toutes sortes, qui pouvaient intéresser l'enfant et l'instruire en même temps. Favorisés par un temps splendide, ils prolongèrent leur séjour au-delà des limites qu'ils avaient fixées au départ.

Cependant, à la fin du mois de septembre, il fallut songer au retour en France. Les vacances prenaient fin sous une huitaine de jours. La dernière ville où ils s'arrêtèrent fut Cologne ; d'un commun accord, ils résolurent de la visiter dans tous ses détails; puis ils prendraient le train pour rentrer par la Belgique.

Le lendemain de leur arrivée, ils revenaient d'une longue excursion à travers la ville, lorsque, en arrivant à leur hôtel, ils aperçurent en face de la porte un attroupement considérable. Ils en demandèrent la cause, et, comme personne ne leur répondait, ils jouèrent des coudes et arrivèrent au milieu du cercle. Là, ils virent un malheureux, couvert de haillons, étendu sur le sol, ne faisant aucun mouvement et perdant du sang par une blessure à la tête.

— C'est un ivrogne qui vient de se laisser tomber, tellement il est ivre, dit l'un des spectateurs.

Et tous les autres, de rire du rire épais qui forme la caractéristique des Teutons.

Personne ne daignant porter secours à cet infortuné, Feigniez et son fils s'avancèrent pour le relever et lui donner des soins. Cette action, toute naturelle chez des Français, motiva quelques grognements gutturaux de la part de quelques-uns de ceux qui en étaient témoins.

La blessure par laquelle s'échappait un mince filet de sang ne présentait fort heureusement aucune gravité. L'homme, mis sur son séant, entendant le père et le fils parler français, ouvrit à demi les yeux et dit d'une voix à peine perceptible :

— J'ai faim !...

Ces deux mots, articulés sur un ton lugubre, navrèrent les deux Français, qui se dirent en même temps :

— C'est un compatriote !

Sans demander aucune aide, Eugène Feigniez saisit l'homme à bras le corps, et, se faisant frayer un passage par son fils, il porta son fardeau à l'hôtel et le plaça sur une chaise dans la cuisine.

— Qu'on fasse manger cet homme ! dit il à un garçon ; je règlerai sa dépense avec la mienne.

Du bouillon fut apporté ; l'homme, privé de force, dut se laisser porter le bol à la bouche ; cette absorption lui fit perler des gouttes de sueur sur la figure. Ce réconfortant lui permit un instant après d'attaquer le morceau de viande qui lui fut servi. Par mesure de prudence, il mangea lentement et par petites bouchées.

Feigniez et son fils le considéraient attentivement sans oser lui adresser la parole.

— Messieurs, leur dit l'homme en se levant après qu'il eut mangé à sa faim, je vous remercie du fond du cœur. Vous m'avez sauvé la vie. Sans vous, je mourais dans la rue comme un chien. Je n'oublierai jamais l'acte charitable dont je vous suis redevable. Depuis trois jours, je n'ai pas mangé. Je suis sans un sou, et je ne veux pas mendier. Encore une fois, merci, messieurs, et adieu !

Eugène Feigniez, ouvrant son porte-monnaie, y prit une pièce d'or qu'il voulut glisser dans la main de ce malheureux.

— Non, monsieur, dit celui-ci ; vous avez déjà fait assez pour moi. Je vais chercher du travail, et, lorsque j'aurai gagné quelque argent, je continuerai de me rapprocher de la France, où je voudrais être rentré pour l'exposition de l'année prochaine.

— Comment se fait-il donc que vous soyez ici ? demanda Feigniez.

— Ah ! monsieur, mon odyssée serait trop longue à raconter.

De nouveau, il se dirigea vers la porte et fit mine de sortir, tout en se confondant en remerciements chaleureux et avec de grosses larmes aux yeux.

Depuis un instant, Feigniez le considérait attentivement ; bien qu'à première vue cet homme parût âgé de plus de cinquante-cinq ans, il devait avoir l'âge de Feigniez : environ quarante-deux ans.

— Depuis quand êtes-vous en Allemagne ?

— Depuis la guerre.

— Depuis la guerre de 1870-1871 ?

— Parfaitement. J'ai été fait prisonnier le 19 janvier 1871...

— Vous étiez à Saint Quentin ?

— Oui ; la lutte y a été chaude. Après une défense héroïque dans les rues, derrière les barricades, nous nous sommes trouvés cernés dans le faubourg Saint-Martin ; nous avons été pris les armes à la main...

— A quel régiment apparteniez-vous ?

— Au 33ᵉ de ligne.

— Capitaine Audibert ?

— Parfaitement.

— C'était mon régiment, dit Feigniez, et j'ai été blessé derrière une barricade dans le faubourg Saint-Martin...

A ces mots, l'homme regarda attentivement son interlocuteur ; sa figure s'épanouit soudain, comme à la vue d'un ami que l'on rencontre inopinément ; il dit :

— Tu es tombé sur le sol, blessé d'un coup de baïonnette à l'épaule ; tu allais être inévitablement massacré si l'un de tes camarades ne t'avait pris à bras-le-corps comme tu viens de le faire pour moi et ne t'eut porté dans une maison voisine.

A ces mots, Feigniez, dont la surprise est extrême, croit reconnaître le malheureux qui se trouve devant lui ; sous le coup d'une émotion indicible, il pose cette question :

— Serais tu donc Paul Courtois ?

— Oui, comme tu es Eugène Feigniez.

Aussitôt, ces deux hommes se donnent fraternellement l'accolade en s'appelant :

— Mon sauveur !

Feigniez dit à son fils :

— Embrasse cet homme, mon enfant ;

sans lui, tu n'aurais jamais vu le jour. Et,
ce qu'il ne dit pas, c'est qu'en me mettant à
l'abri d'une mort certaine, sa capote a été
percée en trois endroits par des balles prussiennes. Maintenant, dit Feigniez à Courtois, tu ne vas pas nous quitter comme tu
en avais manifesté le dessein. Tu restes ici
et tu vas nous raconter pourquoi tu te
trouves encore en Allemagne.

— Fait prisonnier à Saint-Quentin, j'ai
été emmené en captivité avec les autres
dans un camp situé au nord de la Prusse ;
quelques jours plus tard, on nous envoyait
au camp de Juterbock, où se trouvaient les
soldats de la garnison de Péronne. Avec
sept ou huit de mes compagnons d'infortune,
nous avions formé la belle résolution de
nous évader pour rentrer en France. Nous
n'avons point tardé à nous égarer au milieu
de la neige. J'ignore ce que sont devenus
mes camarades ; pour moi, je fus recueilli
le lendemain matin par des soldats prussiens préposés à la surveillance de notre
camp. Je passai devant un conseil de guerre,
et je fus condamné à quinze ans de forteresse. J'ai subi ma peine jour pour jour, et
j'ai été libéré le 26 février 1886, il y a deux
ans et demi. Depuis, je me loue dans les
fermes ou dans les maisons où l'on consent
à m'occuper. Quand j'ai gagné quelque
argent, je me rapproche de la France ;
je voudrais y être rentré pour l'exposition qui
doit ouvrir l'année prochaine. C'est ainsi
que j'ai traversé successivement Magde-

bourg, Cassel et Cologne ; d'ici, je me diri-
gerai sur Aix-la-Chapelle, et, une fois là,
j'entrerai en Belgique ; je ne serai plus loin
alors du département de la Somme.

— As-tu encore tes parents ?

— Mon père, qui était entré dans un corps
de francs-tireurs, a été pris dans un village
du Santerre, les armes à la main ; les Prussiens l'ont fusillé. Il ne me restait plus que
ma vieille mère ; elle est peut-être morte de
chagrin. Depuis ma libération, je lui ai écrit
plusieurs fois ; mes lettres sont demeurées
sans réponse, de même aussi celle que j'ai
adressée au maire de mon village. A mon
retour en France, si je ne trouve pas de
travail dans mon pays, j'irai à Paris solliciter l'appui de l'un de mes cousins...

A ces mots, Feigniez, qui avait écouté
silencieusement son ancien compagnon, fit
un mouvement et, prenant un chèque dans
son calepin, le remit à Courtois en disant :

— Tiens, avec cet argent, tu te procure-
ras des habits, du linge et tout ce qui te
sera nécessaire ; tu viendras ensuite me
retrouver à l'hôtel et, demain, tu prendras
avec nous le train qui te ramènera en
France...

— Oh ! tu es trop bon...

— Pas de remerciements. J'ai contracté
envers toi une dette qu'il m'était pénible de
ne pouvoir acquitter. Mon commerce, qui
est prospère, me permettra de faire davantage pour toi. Ton cruel exil va prendre fin...
Retourne à ton pays natal, et, si tu n'y

retrouves plus ta mère, viens chez moi à Paris ; tu y seras reçu à bras ouverts, et je te procurerai un emploi.

Le surlendemain, Paul Courtois arrivait dans son village natal à la fin de la journée. Aucun de ses compatriotes ne le reconnut, d'autant que tous le croyaient mort. Il se dirigea vers la maison paternelle ; un spectacle douloureux l'attendait : il ne trouva plus que des ruines ; sur son emplacement, il vit un amoncellement de décombres recouverts d'orties, de mauvaises herbes, d'épines et de ronces. L'infortuné se laissa choir sur le sol, qu'il arrosa de ses larmes. Puis, s'étant relevé, il fit le tour de cet endroit désolé ; il se présenta ensuite chez son ancien voisin, qui lui apprit le décès de sa mère, morte de chagrin et des mauvais traitements dont elle avait été l'objet de la part des soldats allemands. Peu de jours après sa mort, le village fut occupé par les Prussiens qui, trouvant sa maison inhabitée, la démolirent pour en brûler les portes et les pièces de charpente.

Courtois alla demander l'hospitalité pour quelques jours à un aubergiste de son village. Le lendemain, en se levant, sa première occupation fut de se rendre au cimetière, où reposait sa vieille mère. Pour que sa tombe ne restât point abandonnée, il fit don à son voisin de l'emplacement de sa maison. Ce devoir filial accompli, Paul Courtois, que rien ne retenait plus dans son pays natal, alla retrouver Eugène Feigniez à Paris. Cet honnête négociant l'accueillit avec joie et l'occupa comme garçon de magasin. Désormais, il était arrivé au terme de ses tribulations, et son existence était assurée pour l'avenir.

XXVIII

TRENTE ANS APRÈS

Fils d'artisans, Firmin Doublier avait passé toute son enfance à la campagne. De très bonne heure, il s'était attaché à l'une de ses petites voisines, Marie Decque, de même âge que lui. Ils se recherchaient sans cesse et ne se trouvaient heureux que lorsqu'ils jouaient ensemble. Jamais le moindre nuage, jamais l'ombre d'une brouille ne s'éleva dans ce petit ménage. Doués tous les deux d'une précocité remarquable, ils étaient choyés de tout le village.

La douce et constante amitié qui unit d'abord ces deux enfants se transforma en un autre sentiment lorsqu'ils furent devenus adolescents. Ils ne se rendirent pas tout de suite compte de la gêne qu'ils éprouvaient lorsqu'ils se trouvaient seul à seule ; ils se désiraient et se fuyaient. Au reste, leurs rencontres allaient devenir excessivement rares.

Les affaires des parents de Firmin avaient prospéré. A force de travail, d'économie, de privations même, ils étaient parvenus à jouir d'une honnête aisance. Ils rêvaient pour leur fils un avenir brillant, tant au point de vue de la fortune que des honneurs. Aussi, le père et la mère du jeune homme s'efforcèrent-ils par tous les moyens et avec l'entêtement des paysans de combattre les sentiments qu'il éprouvait pour Marie, dont les parents étaient demeurés dans leur modeste condition primitive.

Firmin avait toujours été d'une docilité et d'une obéissance exemplaires envers son père et sa mère, qu'il aimait tendrement ; aussi hésitait-il à leur faire l'aveu qu'il ne prendrait pour femme que sa voisine ; il préférait attendre tout du temps, qui aplanit les plus grandes difficultés.

Sur ces entrefaites, il reçut sa nomination à un poste éloigné. Les regrets de la séparation furent atténués, pour ses parents, par la joie qu'ils éprouvèrent de voir combler leur vœu le plus cher : leur fils allait émarger au budget de l'Etat !

La satisfaction des parents de Firmin était secrètement doublée de l'espoir que l'éloignement produirait l'oubli, et que leur fils ne tarderait pas à reporter ses affections sur une riche héritière. Mais la force du premier amour est bien difficile à abattre.

Avant son départ, Firmin put faire ses adieux à Marie ; il lui exprima toute la peine qu'il éprouvait de cette séparation et offrit de refuser l'emploi qui venait de lui être accordé. La jeune fille l'en dissuada et lui représenta que, s'il l'épousait un jour contre le gré de ses parents, il ne serait jamais qu'un simple paysan, gagnant juste de quoi ne pas mourir de faim, tandis qu'en acceptant le poste auquel il était appelé, un avenir brillant s'ouvrait devant lui.

— Jamais ton père et ta mère ne consentiront à ce que je devienne ta femme, et je veux t'éviter les regrets que tu éprouverais certainement plus tard si tu faisais ce coup de tête. Pars et oublie-moi. Je serai heureuse de te voir arriver à la haute situation que tu mérites.

Firmin quitta la jeune fille navré de n'avoir pu obtenir d'elle la promesse qu'elle serait un jour sa femme. Il maudit l'aisance qu'avaient acquise les siens ; il maudit l'avenir couleur de rose qui s'ouvrait largement devant lui. Il partit néanmoins, mais profondément découragé.

Chaque soir, en rentrant dans sa chambre, sa besogne accomplie, des impressions d'ennui et de tristesse venaient l'assaillir ; il reportait ses souvenirs vers son pays natal, qu'il se reprenait souvent à regretter. Mais c'était surtout à Marie qu'allaient toutes ses pensées. Ne pouvant pas lui écrire directement, il se servit de l'intermédiaire de l'un de ses camarades pour lui transmettre de ses nouvelles, mais il ne reçut jamais de la jeune fille aucun mot d'espoir ou d'encouragement. Il apprenait avec une réelle satisfaction que tous les jeunes gens qui se présentaient pour faire la cour à Marie étaient successivement éconduits par elle. Ces évictions n'avançaient guère pourtant les affaires de Firmin, qui, avec une constance admirable, demeurait néanmoins attaché à sa jeune compatriote.

Doué d'une haute intelligence mise au service d'une puissance de travail vraiment prodigieuse, il ne tarda pas à gravir tous les degrés de la hiérarchie, et, quelques années plus tard, il occupait un poste enviable que ses prédécesseurs n'avaient obtenu qu'après un stage beaucoup plus long.

Son avancement rapide et justifié, qu'il devait à ses brillantes facultés, ne lui fit point tourner la tête. Resté simple dans ses goûts, il était demeuré fidèle à ses premières affections. Il ne faisait que de courts et rares séjours dans son village natal; il en profitait pour voir Marie et l'assurer qu'il ne l'oubliait point.

— Tes parents, répondait la jeune fille, consentiront moins que jamais à notre union. Je t'en supplie, ne brise pas ton avenir.

Et Firmin repartait, le cœur endeuillé, sans avoir pu obtenir de Marie la promesse qu'elle serait un jour sa femme.

Au mois de juillet 1870, le télégraphe transmettait aux quatre coins de la France ces mots fatidiques : *La guerre est déclarée!*

A la nouvelle de nos premiers revers, Firmin Doublier s'engagea comme volontaire. Fait prisonnier à Metz, il parvint à s'évader et prit du service dans l'armée du Nord en formation. Il assista à toutes les batailles engagées contre les Allemands sans qu'il reçût la moindre égratignure. Mais le 19 janvier 1871, après que Faidherbe eut ordonné la retraite à la suite d'une lutte meurtrière devant Saint-Quentin, Firmin Doublier tomba grièvement atteint d'une balle prussienne. Relevé par l'un de ses camarades, il fut transporté à l'hôpital à Cambrai, où se retira la division du Bessol.

Le blessé demeura longtemps entre la vie et la mort, et ce ne fut qu'après de longs mois qu'il put être envoyé en convalescence. Il retourna dans son pays natal, au foyer paternel. La guerre était terminée ; le département avait cessé d'être occupé par les ennemis. Tous ses compatriotes s'étaient remis au travail en s'efforçant d'oublier les maux endurés pendant l'année terrible.

Le lendemain de son arrivée, Firmin apprit que Marie avait quitté le village la semaine précédente pour se rendre à Paris chez l'une de ses tantes gravement malade ; elle n'était point rentrée lorsqu'il dut partir pour reprendre possession de son poste. A quelque temps de là, il correspondait assez fréquemment avec son camarade, qu'il chargeait de remettre ses lettres à Marie ; mais, comme par le passé, celle-ci s'abstint de répondre.

Voulant en terminer une fois pour toutes, d'autant que ses parents le pressaient de se marier, Firmin sollicita un congé qu'il vint passer dans son pays natal. Toutes ses ten-

tatives pour voir Marie échouèrent du fait
de cette dernière, qui s'ingéniait pour ne
point le rencontrer et qui semblait affecter
de le fuir. Sans chercher à se rendre compte
de cette attitude, Firmin eut vite pris une
détermination : il brusqua son départ et,
trois mois plus tard, ses amis lui faisaient
épouser une jeune fille qu'il ne connaissait
guère. Il ne devait point tarder à regretter
ce coup de tête, car il s'aperçut vite que sa
femme était son vivant contraste, et qu'elle
n'avait aucune des qualités qu'il prisait tant
chez Marie.

Sans esprit, sans cœur, coquette, dépen-
sière, fantasque, acariâtre, cette femme ne
donna même point d'enfants à son mari,
qui fut le plus malheureux des hommes,
quoique sa situation fût fort enviée. Pendant vingt-cinq ans, il traîna ce boulet sans
jamais se plaindre. Un an après son veuvage,
il était atteint par la limite d'âge et mis à
la retraite. Pris par la nostalgie, il repartit
un beau jour dans son village natal avec
l'intention d'y finir ses jours dans le calme
de la campagne. Il y verrait journellement
Marie, qui ne s'était point mariée. Dans le
repli le plus secret de son cœur, il lui gardait toujours la meilleure part de son affection, et il aimait à penser volontiers qu'elle
ne l'avait point oublié.

La première visite de Firmin après son
arrivée dans son village, où il n'était venu
depuis plus de vingt ans, fut pour Marie
Decque ; elle faisait valoir avec un domes-

tique une petite ferme qu'elle tenait à location ; elle parvenait, avec beaucoup de mal, à joindre les deux bouts et à ne point mourir de faim.

C'est avec un léger tremblement dans la voix, produit par l'émotion, que Firmin salua en entrant son ancienne voisine ; celle-ci, qui reconnut le nouveau venu à la voix, fut prise d'une pâleur subite. Pendant un instant, ils se regardèrent tous les deux sans se parler. En se retrouvant en face l'un de l'autre, bien qu'ils fussent presque des vieillards, puisqu'ils allaient atteindre la soixantaine, il leur semblait qu'ils étaient rajeunis de quarante ans.

Ce fut Marie qui rompit ce silence. Toujours bonne et douce, elle complimenta Firmin en ces termes :

— Tu n'es guère changé, bien que tu aies fourni une carrière laborieuse, que tes chefs ont récompensée par le ruban qui brille à ta boutonnière ; il n'est pas toujours aussi légitimement acquis. Tu fais honneur à notre village, et tout le monde ici est fier de toi...

— Assez de compliments, interrompit Firmin ; tu sais que je ne les recherche point. Oui, certes, j'ai durement travaillé pour conquérir mes galons ; mais s'il me fallait recommencer cette existence, j'y renoncerais.

— De quoi te plains-tu ? Tu es indépendant aujourd'hui. Tu as les honneurs, la fortune ; que te manque-t-il ?

— Le bonheur.

— Il n'est point de ce monde.

— Je suis passé à côté, Marie. J'ai tendu la main ; il m'a échappé.

Après une pause, pendant laquelle il regarda longuement son interlocutrice, Firmin reprit :

— Nous sommes vieux maintenant ; nous pouvons tout nous dire. Si, à vingt ans, j'avais pu prévoir ce que serait ma vie, j'aurais suivi une toute autre voie. Pendant vingt-cinq ans, mon intérieur ne fut qu'un enfer ; pour m'y soustraire, je m'adonnai sans trêve ni repos à un travail de galérien. J'y trouvai, me diras-tu, la fortune et la gloire ; mais l'une ne donne pas le bonheur, et l'autre n'est que de la fumée, bientôt dissipée. J'étais né pour la vie au grand air ; aussi je regrette de n'être point resté ici. J'aurais eu pour femme celle à qui allaient toutes mes affections. J'aurais préféré danser avec elle devant le buffet plutôt que de m'asseoir à une table abondante en face d'une femme qui n'avait d'autre agrément que de me jeter les plats à la tête. J'ai toujours attendu ta réponse à mes aveux. Je l'attends encore. Tu m'aimais, cependant ?

— Ne remuons pas ces vieilles cendres, répondit Marie presque à voix basse.

— Au contraire, mon amie ; à notre âge, l'on vit dans le passé et je me reporte souvent par la pensée au temps de mon enfance et de mon adolescence. Je te vois toujours aussi belle que bonne. Je t'avais idéalisée.

Ah ! comme j'aurais été heureux de traverser la vie avec toi !

— Cela ne devait pas être ; on ne peut rien changer à sa destinée.

— Tu tombes dans le fatalisme.

— Ce qui prouve bien qu'il n'en pouvait être ainsi, c'est que cela n'a pas été. On ne peut rien contre son sort. Au moins, toi tu n'as pas à te plaindre du tien.

— L'essentiel m'a manqué, dit Firmin : la compagnie de la seule femme que j'aie aimée, celle qui m'aurait compris, aidé et soutenu dans la lutte pour la vie.

— Je n'ignorais pas que tes parents n'auraient jamais consenti à notre union. Je ne me sentais point capable de pouvoir lutter pour vaincre la répulsion que je leur inspirais parce que je n'avais point de dot.

— Mon père, dit Firmin, m'aimait beaucoup et je le lui rendais bien, et c'est peut-être pour cela qu'il avait pour toi une grande estime, au contraire. Je serais certainement venu à bout de sa résistance, — qui ne venait que de l'entêtement de ma mère, — si j'avais reçu de toi le plus petit espoir, le moindre encouragement. Ainsi soutenu, je me serais senti la force de soulever le monde. Si tu m'avais retenu ici, je serais devenu un modeste artisan, il est vrai, au lieu d'être le transplanté que je suis. J'étais laborieux et j'aurais certainement acquis une situation beaucoup moins brillante, sans doute, mais tu aurais été à mes côtés. Hélas ! à mes chaudes protestations d'antan, tu opposais un silence absolu, et quand, trois mois avant mon mariage, je voulus avoir avec toi une explication décisive, tu te dérobas sans cesse en refusant de me donner aucune raison de ton attitude.

— Ah ! mon ami, tu me rappelles un bien triste souvenir, répondit Marie d'une voix blanche, à peine perceptible. J'étais alors plus malheureuse que toi...

— Je t'apportais le bonheur.

— Non, je n'étais plus digne de toi.

— Que dis-tu ?

En cet instant, un jeune homme traversait la cour ; c'était le valet de charrue de Marie ; il pouvait avoir une trentaine d'années ; il avait les cheveux blonds et bouclés, une face rougeaude, la physionomie très ouverte et très douce.

Le désignant du regard à son interlocuteur, Marie lui dit en posant un doigt sur ses lèvres :

— Voilà l'obstacle auquel je viens de faire allusion ; personne ici n'en sait rien... Tu vois que je n'étais plus digne de porter ton nom...

Les traits de Firmin s'altérèrent aussitôt ; il dit d'une voix creuse, en se levant et en prenant congé de Marie :

— Ni digne d'être Française

La vieille fille baissa la tête et laissa partir son vieux camarade d'enfance ; le souvenir qu'elle venait de rappeler était si douloureux pour elle, qu'elle n'eut point le

courage de raconter le crime dont elle avait
été victime ; elle aurait ainsi évité l'événement tragique qui allait se produire.

En se retrouvant dans la rue, Firmin
marchait comme un homme ivre Il repassait
dans son esprit la conversation qu'il venait
d'avoir. Il put ainsi éclaircir différents points
qui étaient restés obscurs pour lui. Il se
rappela que, trente ans auparavant, à
l'époque déjà lointaine de l'occupation allemande, un soldat prussien, blessé à la
bataille de Pont-Noyelles, avait été transporté chez les parents de Marie, et qu'il y
était resté longtemps après sa guérison ; il
n'était parti qu'au moment de la libération
du département.

L'aveu que venait de faire Marie expli-
quait la longue absence de celle-ci quelque
temps après. Et Firmin savait maintenant à
quelle cause attribuer le soin constant que
Marie avait mis dès lors à l'éviter, et enfin
son refus de le recevoir trois mois avant son
mariage.

Cette constatation porta un coup terrible
à Firmin, auquel elle enlevait sa dernière
illusion. Il n'avait aimé que Marie dans son
existence, et, maintenant qu'il était libre,
il revenait vers elle, se figurant peut-être,
par un sentiment bien humain, qu'elle était
demeurée vieille fille dans le but de lui
rester fidèle ; bien qu'elle ne lui eût jamais
fait d'aveux, il se persuadait qu'elle l'avait
toujours aimé. Il espérait, au déclin de sa

vie, pouvoir finir avec elle ses derniers jours.

Et voilà ce beau projet, ce rêve qu'il caressait depuis tant d'années pour faire trêve à ses chagrins, à ses soucis, et voilà ce rêve évanoui en un instant.

Sa détermination fut vite prise. Il n'avait plus de parents. Ses biens retourneraient à des collatéraux qu'il ne connaissait même pas, s'il ne prenait point de dispositions testamentaires. Il se rendit au chef-lieu de canton où résidait le notaire de sa famille, auquel il dicta ses dernières volontés. Il légua tous ses biens pour la fondation d'un établissement de bienfaisance dans son pays natal, mais il en laissa l'usufruit à Marie Decque, qu'il savait être dans une situation fort gênée.

Cette formalité remplie, Firmin prit congé du notaire et retourna vers son village. Le soir était venu ; un brouillard intense remplissait la vallée ; le nocturne voyageur en était heureux. Pour raccourcir son chemin, il devait traverser la rivière sur une planche étroite qui servait de pont aux bûcherons et aux ouvriers de la prairie ; en cet endroit, la rive était fort escarpée.

— Lorsque l'on trouvera mon corps demain dans l'eau, se dit-il, on pensera certainement que ma mort aura été accidentelle.

Quand il fut arrivé à la planche, il la dépassa de cinquante centimètres et se laissa glisser sur la rive en appuyant fortement sur ses talons, pour faire croire à un accident ; il enfonça sa canne au bas du talus et l'abandonna.

Le lendemain matin, des ouvriers en se rendant à leur travail aperçurent une canne restée debout au bord de l'eau ; ils remarquèrent une longue glissade sur le talus de la rive, ce qui annonçait à coup sûr un accident. Ils suivirent le bord de la rivière en aval, et, deux cents mètres plus loin, ils trouvèrent, en effet, un cadavre arrêté par des racines de saule. Ils repêchèrent le corps, qu'ils déposèrent sur l'herbe, et l'un d'eux alla prévenir le maire.

Une enquête judiciaire fut ouverte, et l'on conclut à un accident produit par l'obscurité de la nuit précédente. Telle fut aussi la conclusion d'un article nécrologique des plus élogieux sur la fin malheureuse de cet homme de bien que publia le journal de l'arrondissement.

Mais il est une personne qui, seule dans le village, ne crut pas à un accident.

— Voilà encore une victime des Prussiens, se dit Marie en apprenant la mort volontaire de son camarade d'enfance.

La malheureuse fille regretta amèrement d'avoir caché à Firmin l'acte de violence dont s'était rendu coupable vis-à-vis d'elle le soldat prussien soigné chez ses parents trente ans auparavant ; elle aurait pu ainsi éviter le tragique événement dont elle portera le deuil toute sa vie.

XXIX

LETTRES D'UN ENGAGÉ VOLONTAIRE

ALBERT Lignier, né à Abbeville le
25 août 1848, était employé de commerce
à Paris, boulevard Sébastopol, 97, avec son
frère, de trois ans plus jeune que lui, quand
éclata la guerre entre la France et la
Prusse.

Le 9 août 1870, M. Lignier père écrivait
d'Abbeville à ses deux fils la lettre suivante :

« Mes chers enfants,

« La Patrie est en danger.

« Nos ennemis s'acheminent sur Paris.

« Faites votre devoir envers la France.
Votre vieux père ne peut plus rien pour
elle ; il compte sur vous pour la défendre.
Cependant, si l'ennemi était à nos portes,
je pourrais encore, malgré mes soixante-cinq
ans, faire le coup de feu pour la défense
de nos remparts, dussé-je m'adosser sur les
retranchements de nos fortifications, déla-
brées comme celui qui écrit ces lignes.

« Vis-à-vis du péril imminent qui menace
notre beau pays, toutes considérations poli-

tiques, d'intérêt et de famille doivent disparaître ; il ne faut songer qu'à la défense sacrée de notre territoire.

« En attendant de meilleurs jours, qu'il vous suffise de savoir que la famille, ici, est fort attristée des revers que notre belle armée vient d'éprouver, et qu'elle adresse des vœux au ciel pour que le Dieu des armées lui donne la victoire.

« Votre père,

« C. LIGNIER. »

Le *Journal d'Amiens*, qui publiait la lettre de M. Lignier père dans son numéro du 13 août suivant, la faisait suivre de ces lignes :

« Nous aurions probablement ignoré la teneur de cette lettre, admirable de patriotisme, et la résolution virile des enfants auxquels elle était adressée, si MM. Bouchot et Lemaire, chefs de la maison où ces jeunes gens étaient employés, n'avaient songé à nous en donner communication.

« Nous remercions ces messieurs, que nous n'avons point l'honneur de connaître, d'avoir pensé à rendre publique et la lettre de M. Lignier et le dévouement de ses deux fils.

« Voilà des faits qui honorent la patrie de Ringois et la Picardie tout entière. »

Cette communication fut faite par l'intermédiaire d'un autre employé de la même maison, M. Emmanuel Bourgeois, le poète et chansonnier picard bien connu.

Depuis, la lettre de M. Lignier père a

paru dans le *Pilote de la Somme* du 11 octobre 1878, dans le *Drapeau* du 20 juillet 1882, etc.

Aussitôt après la réception de cette lettre, Albert Lignier s'engageait dans le 81e de ligne. Son frère, trop jeune pour être admis dans l'armée active, retourna à Abbeville ; en faisant ses adieux à Albert, ce dernier lui dit :

— Pars ! La Patrie est en danger. L'invasion fait chaque jour des progrès, et notre pauvre pays sera bientôt menacé. Va près de nos parents, tu les soutiendras. Quant à moi, je défendrai la France...

Lè lendemain de son retour à Abbeville, M. Eugène Lignier écrivit à son frère Albert une lettre chaleureuse pour lui apprendre de quelle façon avait été accueillie par leurs parents la nouvelle de son engagement :

« Te dire la joie de notre bon père est chose impossible. C'est avec des larmes dans les yeux, un sanglot dans la voix qu'il a lu ta lettre. Toute la famille t'approuve...

« Quant à moi, je vais m'incorporer dans un corps franc, où j'apprendrai l'exercice jusqu'à mon appel. Au besoin, mon père me donnera des leçons.

« Ici, pour le patriotisme, il n'y a point de distinction : travailleurs, bourgeois, nobles, gens de tout âge et de tout rang font tous leur devoir : ils offrent à la Patrie leurs bras, des lits, des soins, de l'argent. On ne marchande pas. C'est admirable... »

Comme post-scriptum à cette lettre du jeune patriote, M. Lignier père ajouta :

« J'approuve de tout mon cœur, mon cher Albert, la résolution que tu as prise de partir à l'armée. Ta mère, quoique triste, aime mieux que tu fasses le coup de feu à la frontière qu'à Paris... »

M Lignier père, natif des environs de Saint-Étienne, était venu se fixer à Abbeville vers 1846, où il remplit les fonctions de portier-consigne et archiviste de la place jusqu'à sa retraite, qu'il prit en 1864.

Quinze jours après son engagement, Albert Lignier, incorporé au 81e de ligne, se trouvait en face des Prussiens et fit toute la campagne, sous les ordres du général Vinoy, dont le corps d'armée battit en retraite de Mézières du 1er au 6 septembre.

Le 1er bataillon du 81e de ligne, auquel appartenait Albert Lignier, revint sous Paris ; n'ayant pu rejoindre le régiment, à Metz, ce bataillon fut versé au 111e régiment d'infanterie, qui occupa les environs de la Faisanderie, sur les bords de la Marne, le 18 septembre. Le lendemain, ce bataillon s'établissait à la redoute du Moulin-Saquet, à Villejuif. que les Prussiens attaquèrent, mais sans succès. C'est à cette occasion que Lignier reçut le baptême du feu. A partir de ce jour, il assista à toutes les affaires auxquelles prit part son régiment, qui furent les suivantes :

23 septembre : Vive fusillade contre les Prussiens. Reconnaissance sous Vitry.

30 septembre : Attaque de Thiais et de Chevilly ; les 1er et 2e bataillons furent placés en première ligne. Les Prussiens, qui perdirent beaucoup de monde, furent repoussés. Première et légère blessure de Lignier.

Du 30 septembre au 29 octobre, le 111e changea plusieurs fois d'emplacement et concourut à l'exécution d'importants travaux de défense.

30 octobre : Prise de la Platrière. Le 1er bataillon occupe Vitry.

30 novembre : Démonstration sur Thiais, où tout le régiment soutint le feu pendant plus d'une heure pour favoriser le tir de l'artillerie française sur les troupes allemandes à découvert.

3 au 4 décembre : Le régiment reste en observation au camp de Vincennes, près de Joinville le-Pont.

20 décembre : Le 1er bataillon du 111e, réuni au 112e, va camper sous le fort de Rosny.

21 décembre : Affaire de Ville-Evrard, où Lignier fut blessé en se portant au secours de l'officier Sornin. Pris par les Prussiens, il fut soigné dans leurs ambulances, puis emmené en captivité à Neisse, en Silésie. Quelques jours après son arrivée dans ce pays froid, il tomba malade d'une fluxion de poitrine ; on le fit entrer dans un hôpital, où il mourut le 8 mars 1871.

Après la guerre, M. Eugène Lignier, son
frère, s'occupa de faire revenir ses restes à
Abbeville ; mais il se heurta à des difficultés
de tout genre et échoua dans sa généreuse
entreprise. Il ne put que faire élever un
monument à la mémoire d'Albert dans le
cimetière de Neisse, où sont enterrés dix-
sept cents soldats français. (L. Halévy,
L'Invasion, p. 314).

Avec un zèle constant, une ardeur inlassable, M. Eug. Lignier rechercha toutes les
communications, provoqua tous les témoi-
gnages concernant son frère ; il ouvrit une
enquête dans la presse, et il correspondit
non seulement avec ses amis mais avec tous
ceux qui pouvaient l'aider dans l'œuvre à
laquelle il s'était consacré avec tout le feu
dont il était capable. Les insuccès ne le
rebutèrent point ; il poursuivit sans relâche
la tâche que lui avait imposée son amour
fraternel. Il ne put jamais rentrer en possession d'un très précieux carnet sur lequel
Albert Lignier consignait ses impressions
journalières et reportait les chansons qu'il
avait composées. Mais il put réunir une
quarantaine de lettres écrites par Albert
Lignier aux membres de sa famille et à ses
amis, envoyées par ballon pour la plus
grande partie.

Pour cette œuvre de reconstitution, M. E.
Lignier reçut toutes les marques d'une vive
sympathie de la part des amis de son frère ;
l'un d'eux lui écrivait : « Tu me demandes
de te remettre les lettres que notre cher

Albert m'a envoyées pendant sa captivité en Prusse. Les voici. C'est avec regret que je m'en sépare, mais j'en ai pris copie. Je comprends fort bien ta résolution et t'en félicite : on est toujours heureux de posséder des objets ayant appartenu à des parents qui vous étaient chers ».

Mon excellent ami M. Eug. Lignier, dont le patriotisme est toujours aussi ardent qu'en 1870, a bien voulu, sur ma demande, me confier la correspondance de son frère. J'ai pensé faire œuvre utile en publiant des extraits de ces lettres écrites simplement et sans prétention.

*
* *

Paris, le 10 août 70

Chers Parents,

Une grande révolution se prépare ici. Faire le coup de feu à Paris pour tuer des frères, qui seront cependant les auteurs de la guerre intestine, je ne le veux pas. Risquer ma vie à Paris ou la risquer contre l'étranger, pour défendre le pays, ce n'est point la même chose. Je préfère choisir ce dernier parti. Je ne peux m'y soustraire : ce serait mal.

J'ai donc signé mon engagement, et je ferai partie du corps d'armée de Bazaine, au 81ᵉ de ligne, où je connais beaucoup de monde ; de là, ma préférence pour ce régiment.

Ne soyez pas inquiets. Aussitôt que je serai équipé, je vous écrirai avant que de partir.

Tous mes camarades partent aussi, mais forcément...

Dimanche (14 août 1870).

Chers Parents,

Je suis arrivé le 13 à Fontainebleau, et j'ai passé ma première nuit à la caserne aussi bien que j'aurais pu la passer boulevard Sébastopol.

Je n'ai pas encore mangé à la gamelle attendu que messieurs les sous-officiers se sont emparés de moi immédiatement...

Je commencerai demain l'exercice, et, dans quatre jours au plus tard, nous partirons pour la frontière...

Des nominations vont se faire et j'espère pouvoir partir avec un grade...

Fontainebleau, le 22 août 70.

Chers Parents,

Je vous réponds à tous à la fois, car mes moments sont comptés, croyez-le bien. Je suis accablé de besogne : travail de plume, travail des armes ; ce dernier va bien et j'en sais assez pour pouvoir me défendre.

On n'attend plus que les bidons et les tentes pour partir. On nous dit que nous allons défendre Paris ou Lyon. Nous ne comprenons plus rien à la stratégie d'en haut...

Les chefs m'ont remarqué par ma bonne tenue et m'ont fait exempter des corvées et des parades. C'est un grand point.

Que maman ne se désole pas : je suis

heureux et ne manque de rien. Ah ! pardon, il nous manque l'ennemi. Nous l'aurons.

Voici le programme de la journée :

5 heures du matin à 7 heures, toilette et exercice.

7 h. à 9 h., théorie dans les chambres.

9 h., la soupe.

10 h., théorie sur les marques extérieures de respect.

11 h., appel en armes.

Midi à 2 h., exercice.

2 h. à 4 h., démontage des fusils.

6 h., soupe.

10 h., extinction de la chandelle.

Nous sommes éreintés, et il est temps que cela finisse par des coups de feu bien sentis.

Allons, du courage de votre côté ; moi, j'en ai de mon côté.

Fontainebleau, le 22 août 70

Cher Capitaine,

Je trouve seulement un moment pour vous écrire.

Je suis soldat depuis mon départ. J'ai compris tout de suite l'école du soldat, et j'en sais assez pour pouvoir me défendre.

Nous partons sous quelques jours, ou pour Lyon ou pour Paris. On nous fait tourner comme des toupies.

Tous les soldats crient : « A la frontière ! »

... Pardonnez-moi si je suis bref. On nous accable de besogne. Nous sommes rompus...

Saint-Denis-Paris, le 23 août 70.

Chers Parents,

Je vous écris de Saint-Denis, dans la cour du quartier, où nous sommes campés.

Nous sommes partis hier de Fontainebleau, sac au dos, et avons pris le chemin de fer jusqu'à Paris. Nous sommes partis à pied de Paris à minuit et nous sommes arrivés à Saint-Denis à trois heures du matin. Nous étions levés à cinq heures et demie.

Les fatigues commencent...

Nous ne savons pas où l'on nous mène...

Saint-Denis, le 26 août 70.

Chers Parents,

... C'est sous une tente de 3 mètres de long sur 1ᵐ 50 de large que j'écris ces quelques lignes sur mon carnet. Nous sommes arrivés à Saint-Denis avant-hier après deux heures de marche. Cette vie est dure, très dure, mais je m'y fais et je me plie aux exigences du métier. .

On travaille nuit et jour à la défense de Paris : créneaux, tranchées, etc.

Je vous donne des nouvelles très laconiques, car, à chaque instant, on peut venir me chercher, les appels étant continuels...

Aujourd'hui, exercice de feux de pelotons.

Nous sommes à Saint-Denis pour quelques jours...

Ce que je veux, c'est démolir le plus de Prussiens possible...

En outre de l'exercice, de l'entretien de nos effets, de notre popote, il faut que nous

19

allions terrasser pour le compte du génie aux alentours de Paris On sue à ce métier, mais mes bras redeviennent souples en pensant que c'est pour sauver notre belle France ..

Paris, le 28 août 70.

Chers Parents,

Après quatre heures de marche, sac au dos, nous arrivons à Paris. Nous allons être dirigés sur Metz, à pied.

A bientôt d'autres nouvelles.

Nous campons sur le Champ de Mars...

Paris, le 29 août 70.

Chers Parents,

Nous sommes arrivés hier soir ici. Nous campons sur le Champ de Mars.

Nous partons après-demain à sept heures du matin par le chemin de fer pour les environs de Mézières.

Je crois que c'est le vrai moment de nous montrer.

Nous sommes 25 à 30 mille hommes sur le Champ de Mars : train, cavalerie, infanterie.

Aussitôt arrivé, je vous enverrai un mot par la poste...

Je me porte bien...

Vervins, le 2 septembre 70.

Chers Parents,

Nous sommes en chemin de fer depuis deux jours. On ne peut pas avancer sous prétexte que la ligne est coupée.

Nous sommes bien nourris.

Je me porte bien...

Vervins, le 2 septembre 70.

Chers Parents,

Nous sommes arrivés hier soir à Vervins sans pouvoir aller plus loin, car la ligne a dû être coupée. Nous allons rétrograder sur Laon, où l'ennemi, paraît-il, semble vouloir se diriger...

Nous sommes prêts à faire le coup de feu ; nos cartouchières débordent. Les vivres ne nous manquent pas...

Notre général s'appelle Blaise...

Neuilly, le 6 septembre 70.

Chers Parents,

Nous sommes on ne peut plus malheureux, manquant de vivres et de viande principalement. Grâce à l'argent que j'ai dans ma poche, j'ai pu manger.

Nous sommes tous résolus à mourir pour la République.

Hier, nous étions à Laon ; nous avons mis treize heures pour venir ici, harassés de fatigue, de chaleur et de froid en même temps.

Le général Vinoy nous commande.

Le général Blaise est notre général de division.

Sur les hauteurs de Laon, hier, nous avons été obligés de battre en retraite avec Vinoy.

Le canon grondait.

En ce moment, nous défendons Paris. Nous sommes à la porte Maillot...

Paris, dimanche (11 septembre 70).

Chers Parents,

Je puis enfin vous écrire posément et longuement.

Je suis en ce moment au bois de Boulogne avec le corps d'armée du général de Maud'huy.

Il faut croire que le service des postes ne se fait pas régulièrement, car je n'ai pas encore reçu de réponse à ma lettre datée de la porte Maillot.

Permettez-moi de vous donner un résumé de notre trajet depuis notre départ de Fontainebleau.

De la gare du Nord à Saint Denis, nous avons fait le chemin à pied, sac au dos. Je suis arrivé en tête de la colonne, pensant à vous et m'enivrant à la pensée de nous battre. Mais on ne nous avait pas donné de cartouches !

A Saint-Denis, une triste nuit nous attendait : pas de lits, pas d'ordres pour camper, et il était trois heures du matin ! J'ai dormi comme beaucoup d'autres, sur les marches de pierre de l'escalier du fort. A cinq heures, on sonnait le réveil.

Nous campons pendant un jour, nous décampons, et cela à deux reprises. On finit par nous donner des cartouches. Grande joie !

Nous partons. Où ? Nous n'en savons rien.

On nous fait marcher la nuit, et nous arrivons au Champ de Mars, où nous restons pendant deux jours.

Du Champ de Mars, on nous embarque pour Mézières. Nous sommes fêtés sur notre route, à Vervins, à Laon. Nous nous arrêtons sur la ligne, et l'on nous donne l'ordre de nous tenir sur la défensive. Mais la fatigue nous empoignait : nous dormions.

Les ennemis étaient à peu de distance. Eh bien, on laissait toute une division sur une voie de chemin de fer, la moitié dans les wagons et l'autre moitié dans les champs.

On dit que la ligne est coupée ; nous rétrogradons sur Vervins. Nous y restons une après-midi. On nous avait laissés pendant deux jours presque sans vivres.

De Vervins, nous revenons à Laon sous une pluie battante ; nos capotes ruisselaient, et le peu de pain que nous avions était mouillé. Nous campons sous Laon et faisons la soupe le soir même avec du riz.

Le lendemain, l'ordre est donné de monter sur les hauteurs autour de la citadelle. Nous y allons sous une pluie torrentielle. Quel triste tableau ! Nous sommes obligés de camper dans la boue. La paille nous est heureusement annoncée, mais il faut que nous descendions pour aller la chercher.

Nous restons à Laon pendant trois ou quatre jours. Le second jour (car je ne sais plus quel jour je vis), on proclame la République, et le jour même, ordre est donné de nous tenir prêts à nous battre. Nous laissons les sacs, pour n'en être point incommodés. Mais, hélas ! une demi-heure plus tard, on nous dit que c'est une fausse alerte.

Enfin, nous nous tenons prêts à partir. Tout le corps est prêt. En descendant des hauteurs de Laon, on signale des éclaireurs prussiens ; l'armée ennemie n'est donc pas loin. On entend quelques coups de canon. Vinoy revient avec ses troupes et bat en retraite avec nous.

Laon est fortifiée naturellement, et cette place est imprenable, surtout avec une division qui peut se masser autour de cette place. Mais on a préféré laisser entrer les Prussiens le lendemain de notre départ. Ils étaient 600 hommes !!!

Nous sommes venus à la porte Maillot, et, de là, nous avons été camper au-dessus de Neuilly, à Courbevoie. Toujours la pluie. Nous sommes partis ce matin de Courbevoie pour venir camper au bois de Boulogne...

Avant de fermer ma lettre, il faut que je vous dise que cette vie de privations ne me déplaît pas du tout. J'y trouve un charme extraordinaire. Et puis, il faut vous dire que je prends tout en riant : il pleut, je ris ; je dors mal, je ris ; il fait chaud, je ris ; j'ai faim, j'arrache une carotte et je ris ; il faut se battre, oh ! alors, quel bel éclat de rire ! On verra toutes mes dents...

Paris, le 22 septembre 70.

Chers Parents,

... Baptême du feu le 19, près de Joinville. Pas une égratignure...

Villejuif, le 26 septembre 70.

Chers Parents,

Depuis quatre jours, je suis à Villejuif, petit village près du fort de Bicêtre...

Nous vivons maintenant comme des bêtes féroces, dans une redoute. Les Prussiens ne nous attaquent que la nuit et en très petit nombre, ce qui fait qu'on en vient à bout. Ils ne se montrent jamais au grand jour...

Je suis obligé d'interrompre la lettre que je vous écris sur une boîte. On est prévenu que des avant-gardes prussiennes arrivent. Est-ce vrai?

Je n'ai que le temps de vous embrasser tous...

Redoute du Moulin-Saquet, à Villejuif,
le 29 septembre 70.

Chers Parents,

... Voilà près de huit jours que nous sommes à Villejuif, redoute du Moulin-Saquet. Pas d'engagement sérieux depuis Joinville...

Comme vous le savez, je suis secrétaire du colonel du 11e régiment de marche. Nous avons beaucoup d'ouvrage...

Tout est triste ici; les villages sont abandonnés. Nous tenons en respect MM. les

Prussiens lorsqu'ils font mine de vouloir sortir des bois...

**Villejuif, redoute du Moulin-Saquet,
le 29 septembre 1870.**

Mes chers Patrons,

Depuis mon départ de Paris, nous campons à la redoute du Moulin Saquet, — un pauvre village dévasté par l'ennemi.

Nous sommes bien défendus, et il est impossible aux Prussiens de venir nous trouver avant de se faire écharper.

Pas d'engagement sérieux.

Toujours des feux de tirailleurs.

Tout va bien et je suis en bonne santé...

**Villejuif, redoute du Moulin-Saquet,
29 septembre 70.**

Mon cher Capitaine,

Depuis le jour où je suis allé vous voir à Paris, mon régiment campe à Villejuif avec une assez forte artillerie.

On tient ces messieurs en respect.

Tout va bien, et je suis en bonne santé.

Redoute Saquet, le 30 septembre 70.

Chers Parents,

Aujourd'hui, à quatre heures et demie du matin, combat en dehors de la redoute, près d'un village dont le nom m'échappe (Thiais).

Tous les chefs de ma compagnie sont blessés ou tués, ainsi que beaucoup de mes pauvres camarades, qui sont tombés à mes côtés.

Quant à moi, pas une égratignure...

Je vous écris à huit heures du soir...

J'ai les idées saines et la main sûre ; ainsi rassurez-vous.

J'ai mangé et dormi suffisamment aujourd'hui. Je vais me coucher en pensant à vous.

Villejuif, le 30 septembre 1870.

Mes chers Patrons,

Ce matin, nous avons eu un engagement assez sérieux.

Mon pauvre régiment a souffert. Beaucoup de mes camarades sont tombés, et nos chefs sont tous ou blessés ou morts, — ceux de ma compagnie, du moins.

Quant à moi, pas une *siffleuse* ne m'a touché.

Le caporal blessé au pouce à Joinville, et que vous avez vu chez vous, doit être mort ; une balle lui a traversé la mâchoire, et une autre lui a cassé le bras.

On tombe comme des mouches.

Notre artillerie a dû faire beaucoup de mal à l'ennemi...

Je vous écris de chez le colonel. Ma table n'est pas solide, mais ma main est sûre, les émotions étant passées.

Le combat a commencé à quatre heures et demie du matin et a pris fin vers dix heures. Il est huit heures ; je vais me coucher...

Redoute du Moulin-Saquet,
le 2 octobre 1870.

Mon cher Emile,

Tu ne trouveras pas mauvais que je ne t'aie pas écrit plus souvent : les moments sont comptés, et l'on manque souvent de ce qu'il faut pour écrire...

Tu n'ignores pas que la campagne, — quoique aux portes de Paris, — est dure et pénible.

La Providence semble être avec moi, car dans les deux affaires où nous nous sommes trouvés, pas une balle ne m'a atteint : la première, à Joinville, le 19 septembre ; la seconde, à Thiais et Choisy. Cette dernière fut coûteuse à notre régiment lorsqu'il battit en retraite. Beaucoup de mes camarades ont été tués à mes côtés.

(Adressant ses condoléances à son correspondant, qui venait de perdre un de ses proches, Albert Lignier terminait) :

Du courage ! du courage ! Quant au mien, tu n'en as jamais douté, je pense ; il ne faiblira jamais. Tant qu'une artère de mon corps vibrera, on me verra combattre pour la défense de notre chère Patrie...

Villejuif, le 3 octobre 70.

Chers Parents,

Dans notre dernière affaire, comme j'ai eu le bonheur de vous l'annoncer, aucune balle ne m'a atteint, mais, en battant en retraite, en courant à travers les branches et en sautant pêle-mêle les fossés, j'ai ressenti une vive douleur dans l'aine. Le lendemain, je n'éprouvais plus rien. Hier soir, par la suite de cette contusion produite par une branche ou une crosse de fusil, mon mal empiré...

J'ai souffert beaucoup la nuit dernière, et les douleurs de reins que nous éprouvons tous par suite du peu de confortable comme literie, n'ont pas peu contribué à troubler mon sommeil...

Quant au *coffre-fort*, il est en bon état et la mastication se fait toujours avec un entrain admirable. Nous ne manquons pas de vivres...

> Villejuif, le 4 octobre 70.

Mon cher Achard,

Sain et sauf des affaires Joinville (19 septembre) et de l'attaque des villages de Thiais et Choisy-le-Roi (30 septembre).

Contusion à la cuisse droite. Presque rien.

> Redoute du Moulin-Saquet, le 15 octobre 70.

Mon cher Capitaine,

... Nous n'avons eu rien de sérieux jusqu'ici.

Je travaille beaucoup en ce moment, car je suis chargé spécialement de l'état civil des malheureux tués, blessés ou disparus...

Nous avons été dernièrement faire une reconnaissance qui n'a eu aucun résultat. Nous n'avons pas tiré un seul coup de fusil, mais nous sommes restés pendant trois heures dans des jardins derrière les murs qui sont crénelés

Tout va bien ici ; nous sommes fortifiés de jour en jour. La redoute où nous campons est magnifique. Il faudrait beaucoup de force armée pour nous en faire déloger ; nous avons, en plus, six mitrailleuses sur le petit chemin qui conduit de Villejuif à la redoute. Nous nous sentons plus forts...

Redoute Saquet, le 20 octobre 1870.

Mes chers Patrons,

... A part le froid, nous sommes assez heureux. Maintenant, nous avons presque un confortable. Est-ce l'habitude de camper qui nous fait trouver l'existence plus supportable ?...

Les obus des Prussiens arrivent à peine à cinq mètres de la redoute, encore n'éclatent-ils pas tous. Nos réponses ont presque toujours du succès.

Cette nuit, les ennemis ont voulu s'emparer au clair de lune de la tranchée que l'on construit en avant de la redoute. Les mitrailleuses ont donné et les pièces de 24 du fort de Bicêtre. Les Prussiens s'étaient avancés à cinquante mètres de Villejuif, d'où ils ont été repoussés par les grands-gardes de faction aux créneaux de Villejuif. Des obus sont venus tomber presque sur la redoute ; mais les éclats n'ont blessé personne.

Ce matin, vers dix heures, une fusillade s'est engagée et les batteries ont commencé à frapper de vaillants coups.

Il est question de raser Choisy avec les pièces de 24 et de faire une trouée pour

donner la main, s'il se peut, aux armées qui doivent venir nous seconder.

On est toujours sur le qui-vive.

Pour la première fois, je me suis attiré des reproches de la part de mon chef pour avoir voulu trop bien faire.

Le 13, sans sa permission, j'ai suivi ma compagnie à l'avancée. Tout s'est borné à une partie de plaisir où nous avions le canon pour orchestre. En rentrant, huit jours de prison m'attendaient. J'avais une langue, je m'en suis servi et j'ai gagné ma cause.

Tous les jours, des grosses têtes viennent nous trouver et nous faire des speechs.

J'attends mes galons avec impatience. Il faut six mois de présence. Je tàcherai de sauter par-dessus.

Redoute Saquet, le 24 octobre 1870.

Mes chers Patrons,

Je viens vous donner signe de vie.

Nous sommes dans la boue jusqu'au cou, et le vent fait tous ses efforts pour nous enlever les oreilles ; heureusement qu'elles sont attachées solidement.

Il semble que les Prussiens se soient retirés, car les coups de fusil et de canon deviennent rares.

Décidément, le poste qui nous est échoué sera notre position pour longtemps encore...

Dimanche prochain, je suis convoqué pour chanter un hymne à la Patrie aux orgues de Villejuif. Il n'y aura ni hommes ni femmes, rien que des Dumanets...

On nous a amené avant-hier quatre demoiselles tellement grosses qu'il a fallu six chevaux pour chacune d'elles afin de les remorquer sur le plateau. Quand elles causeront, nous ne pourrons plus nous entendre au camp. On n'a pas encore pu leur donner à manger faute de vivres. Elles ont une bouche et un estomac qui doivent coûter cher à la France. Ces quatre sœurs, qui sont de superbes Joséphines, sont là pour nous défendre On les a vu arriver avec un bonheur infini. Je vous donnerai de leurs nouvelles dans quelque temps, aussitôt qu'elles diront : *Boum !*

Villejuif, le 24 octobre 70.

Mon cher Capitaine,

Je viens vous donner quelques renseignements sur le vent et sur la boue de la Redoute-Saquet.

Le vent s'amuse à enlever les képis, les capotes et les tentes ; la boue enterre les pieds et vous fait faire des pirouettes qui font concurrence à celles des clowns...

Vitry, le 3 novembre 70.

Mon cher Capitaine,

J'ai été à Paris lundi, et, en passant boulevard Sébastopol, j'ai appris que Chevilly était attaqué.

Tout mon bazar étant dans une maison de Vitry, j'ai couru bride abattue jusqu'à mon nouveau domicile, où l'on était fort tranquille...

Vitry, le 17 novembre 1870.

Mes chers Patrons,

... Nous ne mangeons plus à notre faim. La ration est considérablement diminuée. Mais j'en ris, je mange plus de pain.

Il ne fait pas bon de stationner en avant de Vitry à l'heure qu'il est. On voit les Prussiens à une faible distance. Avant-hier soir, j'avais un relevé de vivres de campagne à porter à un sergent-major campé à Port-l'Anglais. Je partis vers sept heures et j'arrivai à huit heures Tranquillement, nous fumions et nous cochions au fur et à mesure nos nombres de rations, quand, tout à coup, les carreaux de notre appartement se brisent en mille morceaux. La lumière de notre chandelle servait de point de mire aux postes prussiens ; nous éteignîmes notre lumière et nous allâmes nous loger dans une arrière-cuisine. Je fus obligé de coucher là au risque de me faire endommager le portrait.

Le 22 ou le 23, nous ferons un effort suprême. Les mesures de précaution, qui consistent en revue d'armes, en fournitures de grand et petit équipement et en vivres de réserve, nous donnent à penser qu'un nouveau mouvement offensif aura lieu.

Voici quel serait l'itinéraire de la partie de plaisir en question. Point de départ, Saint-Denis. Traverser les lignes ennemies, et, si entreprise heureuse, direction vers la Manche (?)...

Je vous donne sous toutes réserves l'alinéa

qui va suivre ; ne vous étonnez pas si je ne vous en fais point connaître la source, ce serait trop long.

La Lorraine et l'Alsace seraient mises à la suite des négociations commencées au sujet de la paix sous le gouvernement prussien pendant un certain temps. La Russie s'engagerait à payer quatre milliards à la Prusse pour frais de guerre. Le comte de l'aris monterait sur le trône...

Si l'on votait par oui ou par non l'élection du comte de Paris, je suis persuadé que, dans la disposition d'esprit où sont les Parisiens et l'armée, l'on voterait oui, pour avoir la paix.

Il sera donné un jour à la France de reprendre en même temps que ses forces une revanche terrible. Mais, à l'heure actuelle, la lutte est impossible.

Si vous saviez comme les Prussiens font bien la guerre et quelles ruses ils emploient ! Pas une de leurs sentinelles n'est à découvert ; chacune d'elles a un trou creusé dans la terre et tire à loisir ; la nôtre grelotte en plein air et souffle dans ses doigts...

Gentilly, le 25 novembre 70.

Mes chers Patrons,

... Nous avons beaucoup de malades en ce moment, principalement de la variole.

Rien de nouveau au bataillon. Hier, nous avons été à la tranchée donner des coups de pioche en avant des Hautes-Bruyères.

Les sentinelles prussiennes se relevaient

toutes les deux heures à notre nez et à notre barbe sans s'émouvoir de nos coups de fusil.

Il est venu se joindre à nous quelques carabiniers de la Seine, commandés par un maréchal des logis de gendarmes.

Il y avait avec nous un vieux zouave qui nous a fait nous tordre de rire ; il était à cent mètres en avant de nous ; il se faufilait entre les arbres comme un vieux chacal ; son bonnet le gênait : il l'accrochait à une branche, et les Prussiens, cachés dans une petite maison en face, s'amusaient pour la plupart à tirer sur sa coiffe rouge. Chaque fois qu'il croyait que les ennemis avaient tiré juste, il faisait des bonds incroyables.

Nous autres, nous avions la terre de la tranchée, et nous pouvions tirer à notre aise, quoiqu'en saluant les balles.

Le fort a mis trève à tout cela. Au moment où nous nous y attendions le moins, il envoya une décharge de mitrailleuse sur la maison où était le poste prussien. Ce fut une fuite générale ; tous, les uns après les autres, sortaient de leurs cachettes pour se replier.

Nous sommes revenus à Gentilly vers cinq heures du soir ; nous en étions partis depuis midi.

Un colonel d'artillerie et un colonel d'infanterie, attirés par la fusillade, sont venus voir notre petit combat. Mais que de poudre employée en pure perte ! Des deux côtés, on riait trop de voir le zouave. Il est revenu avec nous sans une blessure.

Nous ne savons pas encore ce que l'on veut faire de nous sérieusement. On nous équipe, c'est vrai, mais nous n'avançons pas...

Neisse (Silésie), le 12 janvier 1871.

Chers Parents,

Je suis prisonnier de guerre depuis le 21 décembre 70.

Que de choses à vous dire !

Je suis bien ici.

J'ai été indisposé. Tout va mieux...

À bientôt le plaisir de vous voir...

Neisse (Silésie), 24 janvier 1871.

Chers Parents,

Vous avez dû recevoir une carte par laquelle je vous annonçais que je suis prisonnier de guerre.

En arrivant à Neisse, je suis tombé malade ; mais, grâce aux bons soins que l'on m'a prodigués, je vais beaucoup mieux.

La campagne a été rude, et il a fallu un tempérament comme le mien pour y résister. Dans toutes les affaires où je me suis trouvé, aucun projectile ne m'a atteint. J'en rends grâce au ciel.

Le pays où nous nous trouvons (car nous sommes beaucoup) est très froid. Toujours de la neige. C'est frontière de Russie...

Je fais un effort pour remplir ma quatrième page, car il est doux de causer avec ceux qu'on aime.

J'espère que les affaires vont se terminer

bientôt et que l'on nous rendra à nos familles.

Je puis encore rester deux mois ici, — du moins, on n'en sait rien.

Nous sommes bien nourris.

Espérons que nous nous reverrons bientôt...

Neisse, le 5 février 1871.

Mon cher Emile,

Tu as dû savoir par ma famille que j'ai été fait prisonnier et que je suis dans un hôpital atteint d'une fluxion de poitrine. Mais je me trouve mieux que lorsque j'ai écrit à mes parents ; aussi j'en profite pour venir causer un moment avec toi...

Je ne te donne aucun détail de ma vie pendant la campagne. Je me réserve de t'en parler lorsque je serai près de toi à Abbeville...

Je suis dans un pays où il fait très froid ; on n'y voit que de la neige, ce qui oblige les particuliers de se faire véhiculer en traîneau...

Ma santé s'améliore tous les jours ; mais c'est long. J'ai été bien faible.

Neisse, 20 février 71.

Mon cher Pays,

Votre lettre m'a fait un très grand plaisir ; elle m'a appris une chose que je désirais savoir depuis longtemps. Merci, mille fois !

Je suis à l'hôpital en ce moment, et je me trouve bien faible. Vous me pardonnerez si

ma lettre est courte. Aussitôt rétabli, je me
promets d'aller vous serrer la main chaleureusement.

Je me rappelle vaguement de vous. Je
savais que vous êtes deux frères ; votre
jeune frère, je le connais mieux, et j'ai
même eu le plaisir de le voir sous les rangs
de la mobile à Paris.

Je suis à Paris depuis sept ans ; vous
l'ignoriez peut être ; il faut des circonstances
extraordinaires comme celles ci pour se
retrouver et faire connaissance.

Vous voyez, je me laisse entraîner, et
cependant mon bras se lasse.

Vous pardonnerez ma négligence à vous
répondre ; mais, je vous le répète, j'étais
si faible...

Neisse, le 23 février 71.

Mon cher Monsieur Bourgeois,

Votre lettre m'a fait grand plaisir. J'ai
bien pensé que vous n'auriez pas tardé à
quitter Paris, où tout se gâtait...

Je ne sais ce que sont devenus les fameux
francs-tireurs des Vosges ; eux et les éclaireurs faisaient plus de mal que de bien,
parce qu'ils n'avaient point d'instruction
militaire...

Après des épisodes sans nombre, je fus
fait prisonnier le 21 décembre 1870. Quelques jours après mon arrivée en Silésie
(pays froid), je suis tombé malade d'une
fluxion de poitrine ; on me mit dans un
hôpital, et j'y suis encore.

Je commence à aller mieux. J'ai des

masses de lettres à écrire. Je fais un effort pour vous seul, car je ne me lasserai pas de vous remercier de votre lettre, qui m'a fait tant de plaisir.

Permettez moi de terminer là ; pour un convalescent, je crois que c'est passable. Ma gaieté est toujours la même...

XXX

POSTFACE

En prenant congé de mes lecteurs, je les remercie de m'avoir suivi jusqu'au bout.

Je n'ai rien appris à mes contemporains ni aux survivants de la funeste épopée de 1870, mais j'ai pu leur remettre en mémoire des faits presque oubliés de la plupart d'entre eux.

Mes sujets ont été choisis principalement dans le Santerre, où je me trouvais pendant toute la durée de l'occupation allemande. Ils ne présentent point assurément l'intérêt d'un récit composé avec art et offrant des qualités dramatiques et pittoresques. Mais quelques-uns de ces chapitres sont absolument authentiques, ainsi que je l'ai dit au début ; mon rôle s'est borné à celui d'un témoin qui dépose dans une enquête.

Je n'ai eu d'autre but, qu'on ne s'y trompe point, non d'exciter la haine contre les Prussiens, mais de faire aimer les Français : l'esprit de vengeance est un sentiment stérile. Il est du devoir des contemporains dé cette guerre de témoigner de ce qu'ils ont vu et souffert.

Les outrages que nous avons subis ont laissé dans nos cœurs des souvenirs ineffaçables, que nous devons transmettre à ceux qui nous suivront sur cette terre et qui, peut-être, verront se rouvrir plus tard la route de l'invasion.

Personne n'ignore que, depuis trente ans, nos voisins d'outre-Rhin n'ont d'autre préoccupation que de savoir ce qui se dit et de lire ce qui s'imprime chez nous sur leur compte ; ils recherchent avec une ardeur constante et inlassable jusqu'aux moindres plaquettes, qu'ils annotent et rectifient à leur façon.

Nos publications les horripilent. A leur haine froide et patiente il convient d'opposer la plus parfaite courtoisie : sachons éviter les torts que nous reprochons à nos ennemis.

Durant les années qui ont suivi cette lutte mémorable et gigantesque, on ne s'entretenait, à la campagne, le soir, au coin du feu, que de l'occupation prussienne, marquée par tant de douloureux épisodes, de misères, de ruines et de sang. Aujourd'hui encore, aux veillées hivernales, il est souvent question de la guerre, de ses abominations et de son cortège de deuil. Et le récit des angoissants épisodes de l'*année terrible* fait éprouver aux auditeurs les mêmes frissons que trente ans auparavant.

Je tiens à répéter que je n'ai point poussé au noir le sombre tableau que j'ai fait de

cette époque ; je suis resté plutôt en deça
de la réalité. Quelques-uns de mes amis
m'ont reproché un trop grand ressentiment
contre nos vainqueurs ; d'autres, au contraire, auraient voulu que je misse plus
d'acrimonie. Je pense être resté à égale
distance entre ces critiques opposées.

Pour qui n'a point vécu au milieu d'une
soldatesque enivrée autant par la boisson
que par ses constants succès, il est impossible de se rendre compte des cruautés
incessantes et variées de ces hordes qui
rappelaient les bandes de routiers du moyen
âge.

C'est toujours avec un douloureux serrement de cœur que j'évoque ce passé déjà
lointain, et dont le souvenir m'est aussi
présent que s'il ne datait que d'hier. Je
revois, à cette époque de mon adolescence,
nos villages du Santerre avec leurs rues
tour à tour désertes, mornes, silencieuses,
— ou emplies par un long défilé d'infanterie
ou de cavalerie allemande qui durait quelquefois plusieurs heures ; d'autres troupes
traversaient nos campagnes le surlendemain, et, quatre jours plus tard, il en passait de nouvelles ; à tel point que l'on se
demandait si toutes les forces allemandes
ne s'étaient pas donné rendez-vous dans le
Santerre.

Autant les habitants montraient d'empres-
sement à se tenir sur le seuil de leur porte
ou à descendre dans la rue pour acclamer
les soldats français à leur passage avant

l'occupation ennemie, — autant ils mettaient de soin à se calfeutrer dans leur maison pour ne point être témoins de la traversée de leur village par les troupes allemandes ; ceux qui durent subir cette humiliation suprême n'ont pu retenir leurs larmes à la vue d'un semblable spectacle.

Je n'oublierai jamais la poignante émotion que j'ai éprouvée à l'occasion du passage d'un régiment de cuirassiers prussiens que je n'avais pu éviter parce que je me trouvais en dehors du village : la fuite m'était impossible ; toute tentative de ce genre eût été cruellement punie. Force me fut donc d'assister à ce défilé, qui n'avait rien de l'ensemble gracieux de nos cavaliers : les hommes et les chevaux étaient de toutes les tailles ; il y en avait de grands et de petits, de gros et de maigres, de jeunes et de vieux. Aux premières maisons du village, leur fanfare emplit l'air de ses sons stridents. Toutes les portes se fermèrent pendant que les mères pleuraient leurs fils dont elles étaient sans nouvelles.

Plus d'une génération déjà ignore cette épopée. J'ai voulu rappeler quelques héroïsmes épars ou inconnus, et aussi la férocité et les lâchetés d'un ennemi que la victoire aurait dû rendre généreux. Il y a là, pour nos enfants, plus d'un enseignement, plus d'une leçon terrible que notre devoir est de leur transmettre.

Ceux qui, depuis, ont accompli leur service, pourront comparer leurs petites souf-

frances à celles qu'ont endurées leurs aînés
en 1870 Quant à ceux qui se préparent à
servir la France ou qui la serviront plus
tard, ils trouveront peut être le courage de
supporter sans se plaindre les fatigues des
manœuvres sous l'ardeur des rayons du
soleil ou sous les intempéries.

J'aurais pu doubler, tripler même ce
recueil par le récit des atrocités sans nombre que j'ai vu commettre ou qui m'ont été
signalées, comme aussi par les actes de
bravoure accomplis par mes compatriotes
du Santerre.

Si mes loisirs me le permettent plus tard,
je reprendrai peut-être un jour la suite de
ces récits. Les faits abondent et il nous a
été donné de pouvoir apprécier dans quel
esprit fut conduite la campagne de France.

A ce sujet, je ne puis mieux faire que de
rapporter l'appréciation suivante de l'un de
mes confrères :

« Nous avons pu constater, dit-il, toute
la haine méprisante de la race prussienne
pour la race française, haine apprise dès
l'école primaire et qui nous surprenait
d'autant plus que nous étions, avant la
guerre, pleins de préjugés bienveillants
pour ce qui venait d'au-delà du Rhin. Il y
aurait tout un livre à faire sur la formation
et le développement de cette haine. Déjà,
au XVIIIe siècle, elle éclatait chez Lessing
en épigrammes insultantes ; de nos jours,
Iéna en a fait un dogme national. C'est afin
de pouvoir un jour se rassasier de ven-

geance que le peuple prussien a été transformé patiemment en un puissant instrument d'invasion. Nous avons donc eu bien tort de nous étonner des sentiments que montraient pour nous ces paysans si lourds conduits par ces nobles si durs. Ils obéissaient à une consigne qui leur était répétée dès leur naissance et que leurs pères avaient suivie avant eux. Cette haine maladive pour la France n'était certes pas sans quelques exceptions ; même parmi les officiers, il y avait, nous aimons à le reconnaître, des âmes équitables et paisibles ; mais, chose caractéristique, ces officiers étaient silencieux et suspects ; ceux-là seuls qui montraient pour nous des sentiments d'une violence aveugle, avaient droit à l'influence. Cédant à leurs conseils, la Prusse a découronné sa victoire en se laissant aller à d'audacieux outrages envers le droit des gens ; affichant la ferme volonté d'user en tout de la dernière rigueur, elle a réveillé les vieux instincts des âges de barbarie : un souffle de sauvagerie poméranienne a passé sur l'Europe, où tout aujourd'hui semble être redevenu plus implacable. Il y a là pour nous une raison de croire que la France retrouvera son jour, car ce que l'esprit prussien menace d'étouffer et de faire disparaître sur le continent, c'est justement ce goût passionné pour les idées chevaleresques et généreuses qui a toujours été la marque du génie français et la rançon brillante de notre légèreté. Oui, hélas ! nous sommes bien légers, mais nous devons préférer ce défaut aux qualités de nos voisins, s'il faut les payer au prix de tout ce qu'il y a dans le caractère d'un peuple de plus sympathique et de plus vraiment humain ».

L'auteur que je viens de citer, fait ensuite allusion à la manière dont la Prusse contemporaine entendait l'administration civile des pays occupés ; après avoir flétri la cupidité des préfets prussiens et de leurs subordonnés, il ajoute : « Bien des faits dont nous avons été les témoins nous ont de même renseignés d'une façon très claire sur la valeur réelle de certaines de ces « vertus germaniques » qui, à entendre nos voisins, sont leur propriété exclusive, et le privilège distinctif de leur nation. Ayant vécu avec eux dans l'espèce de caserne piétiste qu'ils avaient installée au grand quartier général, nous savons amplement ce que valent leur « moralité allemande », leur « chasteté allemande », leur « loyauté allemande », etc. Ils sont venus nous en donner la mesure exacte et notre instruction sur ce point s'est singulièrement complétée. Nous avions pris l'habitude assez naïve de ne juger l'Allemagne que sur ses grands poètes ; sans cesser d'admirer ces grands poètes, nous saurons qu'il y a désormais en Allemagne, et surtout en Prusse, une réalité très prosaïque qui n'a absolument rien de commun avec les fictions idéales qui nous avaient charmés et dupés ».

Malgré les menees criminelles de quelques insensés, l'amour de la patrie n'est point prêt d'être étouffé en France, et, s'il devait disparaître de tout le reste de notre pays, on le retrouverait encore dans le cœur des Santernois, — ces descendants des fiers Gaulois.

Je n'ai jamais cru à la faillite du patriotisme.

Depuis trente ans, nous avons donné sans compter tout ce qui nous a été demandé pour doter le pays d'une armée puissante et redoutable. Ce n'est pas en vain que nous nous serions ainsi saignés à blanc.

Dans la vie d'un peuple comme dans celle de l'homme, il y a des hauts et des bas.

Nous gardons tous au fond du cœur un amer souvenir de nos défaites. Un jour de malheur, a dit un écrivain de la Grèce antique, instruit plus qu'un siècle de prospérité

Après leur défaite à Iéna en 1806, les Prussiens, loin de se laisser aller au découragement, ont préparé patiemment pendant soixante-quatre ans l'éclatante revanche que nous ne connaissons que trop bien.

Tandis que les fils des vainqueurs de 1806 se reposaient sur les lauriers cueillis par leurs pères dans le grand-duché de Saxe-Weimar, les descendants des vaincus trouvaient dans le souvenir la force nécessaire pour maintenir leurs énergies. C'est à cette constante vision qu'ils ont dû de fortifier leurs âmes.

Et l'on voudrait que Sedan ne fût point pour les Français ce qu'Iéna a été pour les Prussiens ?

Ni les hommes ni les peuples n'échappent à la loi de l'expiation.

La fraternité des peuples est une utopie, un rêve irréalisable. Jamais la civilisation moderne de la race blanche de l'Europe ne s'accordera, par exemple, avec l'antique civilisation de la race jaune. Il y aura toujours des frontières et toujours diversité de races.

Les discours et les écrits des songe-creux en quête d'une popularité malsaine, qui répudient toute notion de patrie, produisent dans la partie saine des populations un effet absolument contraire. Je n'en veux d'autre preuve que les associations patriotiques nouvelles qui se créent chaque année sur tous les points de notre département, de même que les manifestations de plus en plus importantes qui se produisent aux anniversaires des combats et des batailles livrés dans notre région du mois de novembre 1870 au mois de janvier 1871.

En dépit de tous les efforts, longtemps encore nos patriotiques populations du Santerre demeureront fidèles au culte du souvenir ; et, aux veillées, se transmettront de génération en génération les actions d'éclat des martyrs obscurs, héroïques et résignés du devoir. Elles resteront aussi fidèles au culte de la patrie, de la grande mutilée, qui, malgré une lutte inégale et désastreuse, a su faire respecter sa dignité par l'oppresseur.

Il ne faut point désespérer d'un peuple,

qui, comme le nôtre, a repris presque aussitôt le rang qu'il occupait dans le monde avant ses revers, grâce à son activité laborieuse, et qui, dans ses malheurs mêmes, puisait une énergie nouvelle.

Mais, pour cela, il faudra bannir la politique, qui s'introduit en tout et partout, et qui étouffe dans les cœurs le sentiment, l'idée de patrie.

Au début de la guerre n'a-t-on point vu les adversaires du régime impérial se réjouir à la nouvelle de chaque victoire remportée par les Allemands ; et, après le 4 Septembre, les bonapartistes n'applaudissaient-ils pas aux revers éprouvés par nos troupes ?

Je me rappelle qu'après la déclaration de guerre, le départ de nos soldats pour la frontière fut salué de ce cri :

— A Berlin !

Cette prédiction, qui, hélas ! fut loin de se réaliser, enthousiasmait les masses, qui prennent toujours leurs désirs pour des réalités ; avec mon illusion d'adolescent, je me laissai moi-même aller à cet espoir qui devait être si cruellement déçu.

Ayant rencontré l'un de mes compatriotes, fils d'une victime du Deux-Décembre, lequel professait alors les opinions de son père, — je répondis à ce mauvais patriote, pronostiquant notre défaite, par le cri optimiste qui résonnait par toute la France :

- Nous irons à Berlin !

Après nos désastres, je revis mon compatriote ; il ne fut point assez maître de lui pour cacher sa joie en me rappelant que j'avais été moins bon prophète que lui.

Je me suis contenté de lui tourner le dos sans répondre. Mais je l'ai plaint.

Depuis, cette terrible parole de l'Allemand Heine m'est souvent revenue à la mémoire :

— En France, il n'y a plus de nation : il n'y a que des partis.

Pendant les dernières années du second Empire, le parti de l'opposition réclamait le désarmement ; on ne rêvait que la paix perpétuelle. « Il faut arriver à la destruction de l'esprit préjudiciable de nationalité comme étant contraire à l'union et à la solidarité internationale de tous les ouvriers, lisait-on dans le *Bulletin officiel de l'Internationale*. Nous repoussons toute politique appuyée sur la préoccupation qu'on appelle *patriotisme* et fondé sur la rivalité des nations ».

Ce rêve humanitaire de la paix perpétuelle fut suivi d'un réveil terrible.

« Les peuples sont pour nous des frères ! » chantait-on alors.

« Nous l'avons vue à l'œuvre, cette fraternité des peuples ! s'écriait E. Caro dans la *Revue des Deux-Mondes* du 15 janvier 1871. Quand elle n'est pas réciproque et garantie, elle n'est rien autre chose qu'une mystification sinistre. Nous l'avons vue, cette fraternité, armée jusqu'aux dents, piller, saccager les pays envahis, renouveler sous nos yeux

les violences invraisemblables des plus
tristes siècles de l'histoire ».

Pour arriver au désarmement général, ces
utopistes préparaient celui de la France.
Les insensés ne se rendaient point compte
que la création des Etats-Unis d'Europe ne
pourrait se réaliser que le jour où « il n'y
aura plus de souverains pour jeter des millions de vies humaines en proie à leurs
rêves ou à leurs ambitions, — quand il n'y
aura plus de nations de proie qui se disent
nées pour la domination universelle, ni des
chanceliers pour le leur persuader, ni enfin
d'odieuses passions pour diviser les peuples
à défaut de ministres et de souverains...
On oubliait, sous l'impulsion des haines de
parti, le rôle de notre pays, qui était d'empêcher la force de faire la loi en Europe,
d'imposer la justice envers les faibles, la
loyauté des serments, le respect des traités ».

Malgré les enseignements de l'*Année terrible*, on en revient encore de nos jours à
préconiser le désarmement. Nos fautes et
nos malheurs ne nous ont point corrigés.
Dans tous les temps, c'est notre impré-
voyance et nos discordes civiles qui ont été
les causes premières de nos désastres».

FIN.

TABLE DES MATIÈRES

Péronne — Imp. E. Quentin.